TRAS el telón de celuloide

Acercamientos al cine cubano

EDITORIAL PRIMIGENIOS

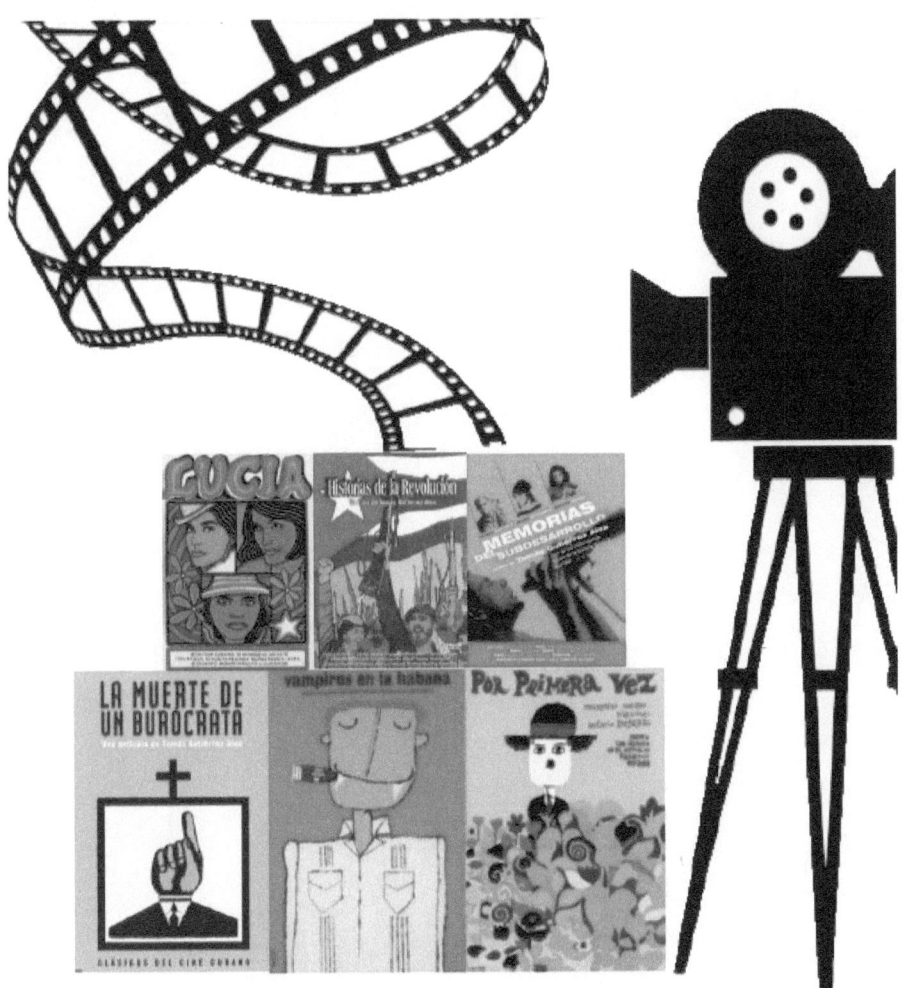

ANTONIO ENRIQUE GONZÁLEZ ROJAS

TRAS *el telón de celuloide*

Acercamientos al cine cubano

EDITORIAL PRIMIGENIOS

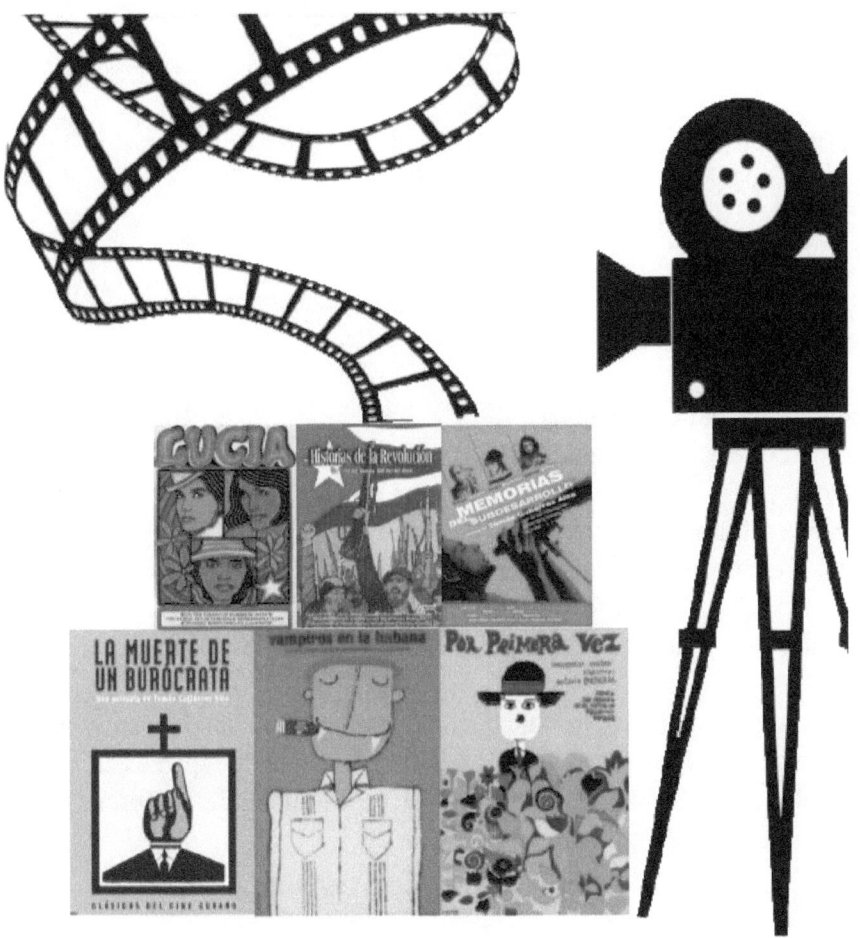

1era edición, Miami, 2019

ISBN: 9781701073272

Edita: Editorial Primigenios
Edita: Editorial Primigenios
Miami
Email: editorialprimigenios@yahoo.com
Sitio Web: https://editorialprimigenios.org

Edición y maquetación: Eduardo René Casanova Ealo

Rollo uno (a manera de prólogo)

Antes de ser derrotados y capturados por el enemigo, el guerrero japonés bajo el código bushido debe morir con honra y honor, para ello debía tomar la *tantö* y eviscerarse el abdomen de izquierda a derecha, para cumplir el ritual del *seppuku*.

Antonio Enrique González Rojas nos obliga a recordar ese acto en cada párrafo de este corto y profundo libro. La crítica cinematográfica es una creación del lenguaje, es algo que no existe, pero que tiene que sostenerse por sí misma. Lo difícil es, precisamente la vida de la crítica cinematográfica.

El crítico de cine al escribir también hace cine, organiza el pensamiento, genera dudas y estimula al espectador-lector. Cuando esto no se reconoce, lo que se produce es un vicio que alimenta el desdén y excluye la autocrítica.

Ahora tomo la daga *tantö* y eviscero un pensamiento medular de *Tras el telón del celuloide,* lo cito a sabiendas que no tendré que recurrir a otro truco más de los que usamos los prologuistas:

El poder recién establecido, juvenil, telúrico, estaba enfrascado en una operación de alquimia social casi instantánea que confundía matices con imperdonables manchas, demarcando una polaridad en igualmente paroxístico ritmo de consolidación intransigente e intolerante respecto a todo lo que difiriera de la línea dura, que entonces solo comenzaba a endurecerse. (Antonio Enrique González Rojas).

Si usted es un lector de crítica cinematográfica que escapa de las formas y el contenido, que deambula entre la denotación y la connotación sin llegar al aspecto estético de esos cientos de minutos de una cinta, no abra este libro. Porque el amor por una película está en la escritura. Al final – esta, la nueva crítica cinematográfica cubana-, hará posible las necesarias transformaciones al cine cubano. Es un asunto de honor y honra bajo el código del arte.

Eduardo René Casanova Ealo

Editorial Primigenios

Para Rafael de la Cruz, profesor y brujo,
a quien le prometí hace más de veinte años
dedicarle mi cuarto libro

EL BAILE DE LOS MONSTRUOS EN EL CINE CUBANO

El hecho de que en los mismos albores de la revolución sociopolítica cubana de 1959 se pospusiera el estreno de una película como *Cuba baila* (Julio García Espinosa, 1960) a favor de promover *Historias de la Revolución* (Tomás Gutiérrez Alea, 1960) como el primer largometraje de ficción producido después del derrocamiento de Fulgencio Batista —a pesar de que el primero estuvo a punto antes— propone un llamativo proemio para la posterior censura del agridulcemente célebre documental *PM* (Sabá Cabrera Infante y Orlando Jiménez Leal, 1961) poco tiempo después. Nótese que en la cinta de García Espinosa, y en esta prístina obra "maldita", tienen una considerable preeminencia los bailes populares, consecuentemente animados por sonoridades populares; amén de lo muy diferente de sus respectivas líneas discursivas. Claro que esto es una lectura histórica, amén las razones, documentos y testimonios que puedan aparecer sobre las motivaciones inmediatas conducentes a la decisión institucional de priorizar *Historias*...

Desde su propio título, *Cuba baila* proponía un solaz jocoso y jolgorioso que simbolizaba de alguna manera la alegría sobrevenida con el fin de la dictadura batistiana, a la vez que aprovechaba para satirizar el pasado inmediato desde una ligereza costumbrista, deviniendo quizás el precursor más temprano del posterior programa televisivo *San Nicolás del Peladero*, y muchos más de la obra teatral *Contigo pan y cebolla*, de Héctor Quintero, dadas las evidentes coincidencias argumentales.

A tenor de la confesa y evidente influencia del Neorrealismo Italiano en la generación fundadora del ICAIC, *PM* buscaba sincronizar la fílmica nacional con otras corrientes estilísticas como el Free Cinema británico, el Cinéma Vérité francés y el Direct Cinema estadounidense, un tanto concomitantes con la línea social italiana, y sobre todo de una contemporaneidad más inmediata. Para esto, sus realizadores decidieron hacer un ejercicio de estilo divergente del cariz didáctico y propagandístico, a la vez que formalista y rígido, que iba tomando la documentalística cubana del momento. Y terminaron igualmente en el contexto popular aderezado por música de tumbadoras y trompetas nocturnales en bares habaneros, para obtener un consabido *imago Cuba* que terminó resultando demasiado "profundo", demasiado "popular", demasiado orgánico para un poder que comenzaba a fraguar los pedestales de un simbolismo épico, libelista, paradigmático, en detrimento de la representación y problematización de zonas socioculturales desincronizadas del frenesí transmutatorio del plomo "republicano" en oro revolucionario.

El poder recién establecido, juvenil, telúrico, estaba enfrascado en una operación de alquimia social casi instantánea que confundía matices con imperdonables manchas, demarcando una polaridad en igualmente paroxístico ritmo de consolidación intransigente e intolerante respecto a todo lo que difiriera de la línea dura, que entonces solo comenzaba a endurecerse.

Esto llevó a la sobrevaloración de la obra en cuestión, y su censura abierta bajo argumentos y términos ya confesamente representacionales, en tanto las imágenes registradas por Jiménez Leal y Cabrera Infante afectaban la épica pulcritud con que la Revolución empezaba a autorrepresentarse. El archiconocido resultado de tal primera colisión entre arte y política cubanos puede rastrearse en el referido estreno prioritario de la ópera prima de Titón: épica, alegórica, libelista, esforzada —aunque superior a muchas películas que le sucedieron—, por encima de la gozona ópera prima de García Espinosa. El mensaje estaba claro: Cuba no bailaría, sino era al ritmo del sacrificio, que en posteriores palabras de Fidel Castro, era lo único que la Revolución tendría para ofrecer al pueblo. La caída de Batista no se celebraría con bailables populares, sino con la sangre, el sudor y las lágrimas del holocausto voluntario a la construcción del paradigma social primero verde y luego rojo, e irremisiblemente zurdo.

Con este primordial conflicto, el baile popular, o más bien, el "bailable popular" como ritual social de distención inofensivamente hedonista y disfrute del ocio, terminó en gran medida estigmatizado en los sistemas de representación audiovisual cubanos hasta el mero presente. De suave sinónimo de la alegría pasó a ser marginal símbolo de la alienación social, espacio y plataforma para la catarsis colectiva, a la vez que esfera de extrañamiento, monstruosidad, y aquelarre grotesco. A pesar de que, contradictoriamente, los valores nacionales estaban inmersos en un proceso de relegitimación y revalorización, como contrapropuesta a las influencias externas (luego pasarían a ser anatemizadas como "extranjerizantes" y "diversionistas"), sobre todo de los Estados Unidos y por extensión el Occidente anglófono, pues hasta los músicos británicos pagaron por los pecadores —¿quizás como tardía retaliación por la invasión del siglo XVIII a La Habana?

A la par de las deleitosas sonoridades del mozambique de Pello el Afrocán, del pilón de Pacho Alonso, y la conga de los hermanos Bravo, validados por los circuitos de promoción oficiales, el grotesco baile de los beodos de *PM* adquirió significaciones oscuras, antitéticamente terribles respecto a su intrínseco natural alegre y optimista. Cual justicia poética, una nada despreciable zona del audiovisual cubano ha cobrado cuentas, una y otra vez, por la excesiva condena. El cañón que según el aforismo popular fue disparado contra la bijirita, ha terminado quemando las manos de sus artilleros originales (que son casi los mismos hasta ahora).

Y esto no demoró muchos años, pues ya en 1965 y 1966, otro cineasta que poco después ocuparía el trono de los "malditos": Nicolás Guillén Landrián, filmó los respectivos documentales *Los del baile* y *Reportaje*. En el primero, se registran festejos populares urbanos al inicial ritmo del mozambique, y el segundo tiene como clímax un baile campesino conclusivo a un mitin político, lleno de autoridades fuera de campo, donde se celebró confusamente la "muerte de la ignorancia".

En estas dos obras pudiera localizarse la significación consciente que haría este cineasta del bailable popular como momento y espacio ideales para desarrollar la tesis de la extrañeza de amplias (¿masivas?) zonas de la población cubana respecto al curso oficial de las "transformaciones" socioculturales y económicas. Extrañeza dada, en primer lugar, por el desconocimiento de los gestores del poder, de la autonomía cultural —en su sentido más amplio— de estos vastos sectores, que sin desagradecer la evangelización ideológica que se les aplicaba, anclada en concretas estrategias didactistas (preferible a "educativas", término que trasciende las limitadas bondades de la nada menospreciable alfabetización primaria) y económicas, no dejaban por ¿opción o fatalismo? de recorrer sus sendas heredadas, tradicionales; a tiempos y a ritmos divergentes con el meteoro revolucionario que les exigía la adaptación a unos modelos de desarrollo y felicidad planificados a cientos de kilómetros de distancia.

Tal tragedia de la alienación, una y otra vez propuesta por Guillén Landrián en su obra documental previa y posterior, se ve graficada por la eliminación de la sonoridad ambiental de la última secuencia de bailes, a favor de una banda sonora extradiegética poco menos que lúgubre. Lo suficientemente oscura para resemantizar a fondo la alegría sibarita de los bailadores de mozambique como una pantomima gótica, una mueca corporal. Baile de marionetas poseídas por una inercia feral e ineluctable.

PM regresa en las parejas tambaleantes y los rostros amargamente eufóricos de *Los del baile*, donde la ingenuidad observacional del precedente es sustituida por la deconstrucción aguzada de estas aristas sociales, marginadas y desterradas de los sistemas representacionales fomentados por el *status quo*, donde el optimismo y la devoción política primaban. Claro, Guillén Landrian pertenecía a la institución cine, y sabido de sobra es el precio que finalmente pagó.

El recurso expresivo referido se reitera con mayor sofisticación fílmica en *Reportaje*, donde la cámara dialoga mucho más directamente con los rostros extraños de los campesinos danzantes y desafiantes hasta el contoneo erótico de la icónica joven de sombrero e ignoto rostro, suerte de versión fílmica de la Gitana Tropical. Son miradas tórridas, clamadoras, engarzadas en rostros provocadores. Pura antítesis diegética de lo presupuesto para una festividad como la registrada. Como operación abiertamente ensayística del autor, el ralentí viene reconfigurar el baile en un serpeo tautológico, deviniendo los protagonistas en una suerte de mixtura entre autómatas y posesos. Una vez más, los primeros planos y grandes primeros planos, casi plano-detalles, enfatizan en la individualidad que peligra en el maremágnum movilizatorio y cuantitativo. La música que solapa el tintineante lateo del contexto, termina de cubrir la danza con un manto de tragedia.

Amén de que perceptivas limitadas puedan condenar a Nicolasito por la que es su mayor virtud: la apropiación sincera de retazos de una realidad y su dinamización en un discurso íntimamente comprometido con la consecuencia personal, *Reportaje* es una puesta en escena del autor que delata una previa puesta en escena diegética. Toda la movilización campesina que se "reporta" es también un montaje que fuerza la realidad natural dentro de una moldura prestablecida de combatividad, militancia y compromiso. La quema al inicio del muñeco bautizado como "Don Ignorancia". La reunión ante unos funcionarios o líderes institucionales mencionados de trasfondo, casi ininteligiblemente, por una voz que conduce aplausos y homenajes. Los frugales estimulantes gastronómicos que todos devoran con fruición, y que dialogan con planos semejantes de *PM*. Y luego el baile como colofón de un acto "fructífero". Guillén Landrián termina complementando con su lienzo audiovisual los expresionistas *Campesinos felices* de Carlos Henríquez.

Ahora, el director de *Coffea Arabiga* (1968) mira el bailable popular desde cierta postura conmiserativa —¿qué artista o intelectual no percibe alguna vez a sus congéneres así? Quien tire la piedra es un hipócrita—, o más bien compasiva, siempre reivindicadora no de una clase, sino de la vida en toda su simple complejidad. Pero al final, la bondad transversaliza toda su obra. Sin embargo, *Memorias del subdesarrollo* (Tomás Gutiérrez Alea, 1968) viene a convertir este ritual, esta dinámica sociocultural, en un verdadero vórtice del terror y de la insania irreversible, del fracaso total de la fe en el mejoramiento humano y la utilidad de la virtud.

La también icónica escena-prólogo de este clásico cubano, está dotada de tal autonomía que la convierten en un mini cortometraje feroz. Al ritmo de la paroxística cantilena "¿Dónde está Teresa?" sucede un homicidio violento que no detiene el jolgorio general. Más bien los disparos criminales se suman a las notas como parte del furor musical. La violencia y sus peores consecuencias son parte naturalizada de esta multitud enérgica y viril que baila y no llora, toma y no llora, aterrorizando a la injusticia y hasta a la misma justicia, más que cualquier sollozo.

Una mirada "guillén-landrianiana" saja de un zarpazo la salvaje batahola llena de sonido y furia: una mujer (¿Teresa?) clava su mirada bestial, desafiante, terrible, en un público previamente acorralado por tal desborde. Esta secuencia, más que proemio de la película completa, es introductoria del vagabundeo de Sergio entre las tropas de adolescentes, alistadas en medio de una noche cavernosa en espera de una invasión estadounidense durante los aciagos días de la Crisis de Octubre: segundo y climático gran momento expresionista y desquiciado de la cinta, momento de vorágine, horror, desmesura, megalomanía, paroxismo beligerante colectivo, donde el protagonista termina espantado de tanta lucidez crítica.

Volviendo al baile y la búsqueda retórica de la Teresa, tenemos que Titón urde una alegoría de las bullentes complejidades conflictuales ensordecidas y subyacentes bajo el fresco *kitsch* de la nación liberada del analfabetismo y el resto los "rezagos del capitalismo", como los cuadros de la pintora de *La insoportable levedad del ser*, donde una esquina de una paisaje perfecto se levantaba para mostrar suciedades, oscuridades y todo tipo de máculas. La película no solo parece revelar las escoriaciones subyacentes bajo la triunfante sonrisa oficial — contribuyendo a las problematizaciones de Nicolasito— sino que alerta sobre las presiones que se van acumulando, sobre los demonios que van acurrucándose en el plano cetónico de la aguerridamente armoniosa representación del país.

Estas presiones puede que no terminen derrocando al *status quo* de manera violenta (como no lo han hecho hasta ahora, ni lo harán), pero sí carcomen las entrañas de la nación como las aguas que ven bloqueado su cauce natural, y terminan socavando "innatural" paso por otras regiones. La fiesta deviene, una vez más, pretexto para la catarsis elementalmente irracional, para que la nación alivie tales presiones obliteradas a modo de géiser. A las mascaradas marciales y disciplinadas de los homogéneos desfiles oficiales, se responde en horas de asueto con la expansión bestial de otra homogeneidad, pero caótica, con una desatada fiesta de los instintos más básicos.

Ubicado en un reluctante observatorio, el punto de vista del autorrelegado y anacrónico protagonista de *Memorias...*, resulta muy cómodo para garrapatear un boceto tan brutal de un momento tan inevitablemente violento como los primeros años de una revolución. Que yo sepa, nadie preguntó nunca a Titón si este proemio tributaba de alguna manera consciente a *PM* o las también previas obras de Guillén Landrián. Sin duda, conocía todo esto. Él tampoco dijo nada. Pero la historia opera de maneras misteriosas.

Pocos años después, la censurada y postergada *Un día de noviembre* (Humberto Solás, 1972) apela a un recurso parecido en sus escenas finales que, además de insinuar una suerte de intento por diluir desde el optimismo las significaciones oscuras y fieras de los bailables populares, provoca lecturas inquietantemente raciales y racistas. Esteban concluye su periplo-repaso-despedida por las personas y sucesos protagónicos de su vida amenazada por una enfermedad terminal, con la visita a un festejo estudiantil en recompensa por la destacada labor de los danzantes en la escuela al campo, como se explicita un poco ingenuamente en la voz de un "maestro de ceremonias".

El personaje observa la algazara que se contorsiona despreocupada, alegre, mientras el montaje urde sucesivas analepsis que retrotraen a la juventud de Esteban, erizada de protestas estudiantiles antibatistianas fuertemente reprimidas, como evidencian las imágenes documentales empleadas y harto conocidas por los públicos cubanos de tanto reiterarlas la televisión nacional. Una lectura superficial habla del combatiente valeroso, cuyo sacrificio es largamente premiado con la felicidad de la siguiente generación. Pero el montaje, también urdido por el mismo Nelson Rodríguez de *Memorias...*, va llevando, corte a corte, a establecer relaciones más sutiles, más incordiantes, entre el revuelto jolgorio del presente diegético y las pasadas turbamultas pre revolucionarias, hasta que ambas se entremezclan en un amasijo de sentidos, contrasentidos y sinsentidos.

Esteban sonríe satisfecho desde su altura, físicamente superior al resto de los danzantes, y por ende moralmente superior. Pero el héroe moribundo se pasea entre un grupo eminentemente blanco, estimulado por una música de clara sonoridad foránea. No estamos ante las masas estrambóticas de preeminencia negra de *PM, Los del baile* y *Memorias...* La representación de la fiesta "blanca" adquiere un cariz más calmo, aunque quizás más frívolo y epidérmico, cual retorno de un clasismo nunca extirpado de la médula nacional.

A tenor con toda la cinta, tenemos que Esteban está muriendo. Recién concientiza su agonía, y el argumento va de esto. Son los grises setenta. Es hora de que su generación, artífice del derrocamiento batistiano, protagonista de la guerra civil del Escambray, de la Crisis de Octubre, de la Campaña de Alfabetización y otros más procesos, ceda el merecido protagonismo a favor de la hornada de jóvenes que se dispone a relevarla por ley natural e histórica (y no hay nada más natural que la dialéctica histórica). Esteban está dispuesto a la abdicación, y busca entre los bailarines jovenzuelos sus posibles herederos, los más óptimos por antorchas de su legado. Las analepsis ayudan a exponer los sucesos que dan sentido a su existencia, que signan su generación, mientras la vida de los muchachos aún permanece en la ebullición hormonal liberada en el baile. Esteban se sumerge en una sopa primigenia donde se condensará la correspondiente identidad generacional de los sucesores, aun en el misterio. Pero a él ya le toca ceder espacio, compulsado a reposar el sueño de los justos.

Entretanto, en épocas paralelas y cercanas a las cintas referidas, el ICAIC intentó recuperar el cine musical danzario de ficción de corte popular, costumbrista, con aventuras poco menos (o poco más) que lamentables como la temprana *Un día en el solar* (Eduardo Manet, 1965) y la posterior *Patakín ¡quiere decir fábula!* (Manuel Octavio Gómez, 1982), que terminaron engendrando un tardío heredero igualmente pedestre como *Irremediablemente juntos* (Jorge Luis

Sánchez, 2012). Los dos primeros títulos de esta involuntaria y fatal trilogía reflejan el fracaso de intentos por revalidar atributos populares de guisa afrocubana en producciones de socialista entretenimiento, mientras que el tercero sucumbe a una impericia creativa guiada por propósitos más "comprometidos" y problémicos.

En los ochenta se incrementa la presencia de orquestas populares en las comedias costumbristas de la época como *Los pájaros tirándole a la escopeta* (Rolando Díaz, 1984) y *Plaff o demasiado miedo a la vida* (Juan Carlos Tabío, 1988), donde aparecen secuencias de bailables populares de sosegada naturaleza cederista y sindical. Películas en que no obstante se propone el (no) diálogo intergeneracional, y para el específico caso de *Plaff*...: la paranoia derivada de la intolerancia atrincherada en una tozudez irracional. Los personajes y extras bailan un comedido casino, sin más propósitos que matizar lúdicamente tales cintas y (sobre todo el caso de *Los pájaros*...) estimular las audiencias con intérpretes de alta popularidad.

Pero con el audiovisual cubano del siglo XXI llegan nuevas obras donde el baile popular y el correspondiente bailable devienen recursos expresivos antitéticos respecto a su natural jubiloso, sustituido entonces por un amargor costumbrista de sesgo fatalista y distópico. La llaneza de su tautología coreográfica y musical resulta otra vez metáfora tanto de la inercial (¿inerte?) alienación social; y de la terrible ciclicidad redundante en que el planeta Cuba gira alrededor de un eje umbílico, altamente extrañado e indiferente a una realidad que nunca varió, y sigue fluyendo, hirviendo en sordina, como un perenne ruido de fondo en los discursos oficiales.

La videocreación intitulada *Resurrección* (Lázaro Saavedra, 2007) se apropia de *PM* unos 45 años después, cual acre homenaje rescritural. La ordalía es re sincronizada a fuerza de nuevo montaje al ritmo de un entonces de moda tema reggaetonero: género que ha llegado a Cuba para quedarse, como suerte de marabú musical que mina reduccionistamente la cultura popular, con una furia elemental que lo convierte casi en una fuerza (vengativa) de la naturaleza ya negada en las épocas de *PM* como rezago de un pasado neocolonial, vil y clasista. La imagen "inconveniente" que los censores tempranos del documental de Jiménez Leal y Cabrera Infante negaron al suprimirlo de la esfera pública, regresa con los colmillos más fieros que nunca para desgarrar los sistemas representacionales de la utopía social.

La *Resurrección* pensada por Saavedra resulta entonces una orgiástica celebración visual del fracaso de un paradigma, y la vigorizada alienación popular resultante. Tal como ocurrió de otras maneras con toda la obra documental de Guillén Landrián luego de ser digitalizada, redescubierta y revindicada por los realizadores cubanos del XXI, *PM* regresa fantasmal y amenazante del Purgatorio al que fuera condenado injustamente. Y retorna vitalmente dialogante con la contemporaneidad inmediata. Los beodos danzantes, los tamboreros y los *bar rats* registrados con no poca inocencia observacional por lo creadores originarios de la pieza maldita por excelencia del cine cubano, retornan del destierro con su eterno contoneo para clamar su perennidad.

Abro paréntesis: (Más de una década antes, tales "demonios" ya habían asomado sus rostros en el también vindicatorio —y sin dudas clásico— videoclip *Pasaporte* (1995), concebido por Rudy mora y Orlando Cruzata para el tema de los percusionistas Tata Güines y Miguel Angá. Pues los entonces lozanos creadores optaron por una perspectiva casi documental para desarrollar un relato audiovisual marcado por el "realismo" urbano antes que la puesta en escena impecable, estilizada, que normalmente se concibe para este género. Una provocadora e intrusa cámara en mano se sumerge en los recovecos laberínticos de las ciudadelas habaneras, revelando otredades, dinámicas, sistemas de valores, lenguajes y modos gestuales propios del crisol auténtico donde se fragua la rumba.) Cierro paréntesis.

El reggaetón, como himno del subdesarrollo rampante y rasero fidedigno de valores sociales, reaparece en la breve ficción nada gratuitamente titulada *AM* (Lala Miñoso, 2011), donde se exploran las dinámicas de la heteronormatividad reaccionaria en los predios del proxenetismo y la marginalidad delincuencial. El protagonista Yoandi es un *Cuban pimp* de secretas preferencias homosexuales, la revelación de las cuales en su esfera de relaciones e influencias implica un descrédito total. Expuesto por una de sus prostitutas, estalla en climática tunda que transcurre paralela a una fiesta animada con reggaetón a escasos metros, pero totalmente indiferente respecto a la tunda en proceso. Aquí reemerge el asesinado del bailable introductorio de *Memorias...* El sonido opaca el acto de violencia de género física, y más bien termina convirtiéndose en banda sonora de la paliza. El montaje paralelo que estructura la pieza establece una concomitancia estrecha entre tal violencia física y la no menos cruel indiferencia de los danzantes catárticos. Terminan fundiéndose en una armónica coreografía de la brutalidad, donde todos bailan al ritmo de la barbarie más elementalmente virulenta. Lo único que hay que hacer es seguir el ritmo.

Un carácter más nítidamente sociopolítico adquiere el empleo del baile popular en la obra de Carlos Lechuga, quien resulta legatario más directo de las obras de los sesenta, dotando a su cortometraje de ficción *Los bañistas* (2010) de unos jugosos créditos que rompen con el pacto de lectura establecido durante toda la obra, para reformular la diégesis completa y ofrecer a los espectadores un epílogo brechtiano e incordiante. En un contexto ruinoso, una mujer madura se descalza frente a la cámara y ejecuta unos torpes pasos de baile, que devienen pantomima distópica, ruinas en sí mismos de la alegría que hubieron de simbolizar. Más que redundancia, subraya las secuencias previas donde unos niños aparecen nadando en una piscina vacía, alzados del suelo por unas sillas: otra mímica triste. Aunque pueda entenderse como una posible alegoría de la tenacidad en medio de las circunstancias más adversas, el baile seco, sordo y mudo de la señora revela automática inercialidad, estrategia última de resignada supervivencia en medio del apocalipsis de la utopía prometida. Adaptabilidad mínima a toda costa, incluso de unos sueños y principios solapados, latentes, subconscientes.

En su ópera prima de largo metraje *Melaza* (2012), Lechuga recupera a sus nadadores en el vacío y el baile, esta vez en más estrecha connivencia con el *Reportaje* de Guillén Landrián, en tanto los avatares de la pareja protagónica de Mónica y Aldo —tras torcer sus integridades hasta el quebranto, enmarcadas todas las acciones en un batey adosado a un central muerto, inactivo, oxidado— terminan en un "acto político-cultural" altamente enrarecido, bastante semejante al reportado por Nicolasito.

Las monótonas arengas infestadas de cifras triunfales, muy parecidas también a las registradas en el documental *Compacta y revolucionaria* (Cláudia Alvez, 2011), tienen como epílogo una astrosa conga, cuyos tambores son manoteados bajo el sol tórrido de *Reportaje*, a fin de animar a la pequeña congregación que no tiene más nada interesante que hacer que concurrir a la ceremonia. La antiheroicidad de los personajes, protagónicos, secundarios y extras, se consolida en esta escena climática y epilogar a la vez, más allá de las previas secuencias donde se describe minuciosamente las concesiones que Mónica y Aldo deben hacer para sobrevivir a las indistintas presiones que amenazan la tranquilidad y el sostenimiento de sus vidas. La recepcionista del central occiso se prostituye, el maestro de la escuela rural vende carne de res a domicilio. Pero al final se purifican en el bailable de todos.

Se suman a la mascarada populista, cuyos danzantes se hallan en un ambiguo estado intermedio entre la conciencia y la inconsciencia, entre la conveniencia y el miedo, entre la resignación y la aceptación. Bailan, se mueven, porque no queda más que bailar y moverse para distender el cerebro, para aturdir los pensamientos, o para sencillamente suplirlos cómodamente con una motivación externa que evite la germinación de demonios y miedos. Una final mirada cómplice entrambos zanja el pacto, y comienzan a saltar y a contonearse como celebración del inicio del resto de sus vidas, clarificados y aceptados de una vez todos los términos del contrato social no escrito. Bailan para sobrellevarse a sí mismos mediante la autonegación catártica, y la expansión narcótica de los sentidos. Hay que cumplir con la puesta en escena, bailar al ritmo establecido, para invisibilizarse y continuar royendo entrañas tras bambalinas.

Esta sensación de puesta en escena es abiertamente refrendada en las postrimerías de la que sería, hasta ahora, la más pesimista película de Fernando Pérez: *Últimos días en La Habana* (2016), que a tenor con los tiempos que corren, pudiera modificar su título con un gerundio, y rebautizarse como *Sobreviviendo en La Habana* o *...en Cuba*. En una brillante y surtida tienda imbuida de espíritu navideño, todos bailan con evidente teatralidad, como en un comercial estereotipado. El ritmo lo marca un olvidado tema del también olvidado grupo SBS de los noventa cubanos. Todo invita a un baile donde todo se olvidará, quizás como parte de otro alucinante certamen de la raza de los gerundios: *Olvidando en Cuba*.

Esta alucinante secuencia establece una ruptura significativa con el tono realista sostenido a todo lo largo de la cinta, que propone una cartografía del margen social cubano, a la par de una melodramática y pesimista alegoría del desaliento y la desesperanza nacionales. Luego del desarrollo de tal tipo de relato, el protagonista sobreviviente Miguel —nada menos que una viva encarnación de la penuria— entra en una esfera que no puede ser más que onírica, plagada de personas innaturalmente alegres, cercanas a las autómatas esposas de Stepford.

Aquí el baile ve revertida su función catártica a favor de una alienación otra, pletórica de afectada contención y planificada ritmicidad. Es recontextualizado, bien lejos de los tumultos opresivos y caóticos, reubicándose en un aséptico ámbito de la abundancia material. La luz sobreabundante, pero artificial, sustituye las penumbras y sombras confusas registradas en *PM*, *Los del baile* y *Memorias...* El baile popular resulta máscara de sí mismo, coyunda de sus propias posibilidades de expresión y expansión. El extravío almidonado sustituye al extravío feroz. Pero al final, todos bailan, todos se hurtan de los problemas, todos se refugian en la seguridad del movimiento tautológico, vacío. Hasta la alienación siempre.

El futuro (Janis Reyes, 2018) y *El cementerio se alumbra* (Luis Alejandro Yero, 2018) son dos obras documentales de respectivos sesgos ensayístico y reflexivo, donde se vuelve a abordar el baile popular.

La Reyes estructura, más allá de la dimensión danzaria, toda una cartografía del movimiento que jalona diferentes coordenadas sociales, espaciales, motivacionales y expresivas. Devela así varias zonas socioculturales que siguen teniendo a la noche como gran escenario. Esta multiplicidad de variantes —grupos de *break dance*, una "fiesta" *techno*, un espectáculo de danza en espacios urbanos con su correspondiente público plenamente receptivo, una arrebolada y acrobática bailadora de rumba, y un asfixiante tumulto carnavalesco— consuma una suerte de expansión antropológica de la nocturnidad lúdica cubana registrada décadas antes por Cabrera Infante y Jiménez Leal.

Desde este diálogo quizás inconsciente, quizás no, la realizadora establece constantes y mutaciones contemporáneas. Termina penetrando en espacios íntimos, donde registra la reproducción del jolgorio multitudinario en la rutina intramuros del hogar, en un proceso de contaminación del entorno privado con prácticas más asociadas a lo público. La replicación de rituales sociales en la esfera íntima, cual moneda con dos caras idénticas o Jano con rostros mellizos. Dos personas traspolan al interior de su vivienda las dinámicas ambientales y sonoras de una discoteca, con todo y juego de luces, más la grabación de un DJ mezclando y animando. Es una puesta en escena donde la fiesta marca su final dominio en la vida del cubano, permeando todos los estratos posibles como alternativa escapista y refugio final más viable.

A la vez, puede verse como la alternativa más viable que halla la sociedad para moverse a contrapelo del exoesqueleto sociopolítico inamovible, estático y enquistado que la rodea. O bien, desde una perspectiva más pesimista (y posible) resulta un margen de permisibilidad catártica, controlado por el poder exoesquelético. De nuevo la consabida estrategia del "pan y el circo".

Otro de los aciertos dramatúrgicos de *El futuro* en este (doble) sentido, es el seguimiento de los diferentes sucesos que transcurren en un mismo segmento del malecón habanero. Inicia el documental con el paso matutino del cortejo fúnebre de Fidel Castro. Exiguos "cordones" humanos formados a ambos lados de la calle posan con el formalismo indiferente de costumbre. Hacia las postrimerías de la obra, ese mismo espacio sirve de escenario al ingente despliegue multitudinario del carnaval habanero. Se demarca una dualidad conductual histórica, donde la fiesta catártica —y su protagonista: el baile— resulta no menos que una profilaxis que previene y ahoga otro despliegue masivo con más consciencia de fuerza. Un "maleconazo" carnavalesco para evitar un "maleconazo" político. No importa cuán impostado y automático sea el tributo a Fidel, ni cuán espontánea sea la conga, mientras cada etapa suceda según lo planeado, y la balanza mantenga el equilibrio.

Con *El cementerio...*, Yero despliega una noble pesquisa para identificar, en medio de la nocturnidad borrosa y homogeneizadora, las singularidades insomnes que tienen en las horas de oscuridad un ambiente más propicio para ser y expresarse. Crónica la noche citadina no habanera, engarzando historias desde una pensada aleatoriedad. Alterna mínimas historias, algunas de las cuales se desarrollan o culminan en una fiesta, donde el lente concomita con Guillén-Landrián, y opta por explorar a partir de grandes primeros planos el éxtasis abiertamente lúbrico de una bailante, presumiblemente de reggaetón, a jugar por los códigos gestuales casi inequívocos.

Al igual que en *Reportaje*, la música extradiegética solapa todo sonido diegético, con los mismos claros objetivos de establecer una antítesis semiótica. La gitanilla campesina púber filmada por Nicolasito es sustituida ahora por la más agresiva mulata al estilo del segmento introductorio de *Memorias del subdesarrollo*. Una suerte de maridaje híbrido entrambos clásicos, donde lo sugerido por los dos sujetos de los sesenta se concreta y explaya en el baile abiertamente orgiástico que desarrolla el personaje de Yero. La fiesta en cuestión resulta burbuja que mantiene a raya al silencio y la soledad nocturnal acechantes justo al umbral. Amenazante con invadir el paisaje ruidoso con toda su peligrosa carga de sugerencias, miedos. Con la reveladora invitación a la introspección y la reflexión.

¿Dónde está Titón? O la (des)memoria cubana contra los demonios.

...el hombre selecto o excelente está constituido por una íntima necesidad de apelar de sí mismo a una norma más allá de él, superior a él, a cuyo servicio libremente se pone.

José Ortega y Gasset (*La rebelión de las masas*, 1929)

Tomás Gutiérrez Alea es un muerto que habla, que grita, que molesta. Y trabajó para eso. Para, aun después de muerto, incomodar, incordiar. Para legar(nos) la incomodidad como una (¿única?) manera de mantener a los potenciales receptores de sus emanaciones intelectuales fílmicas y escritas, aguzados, alertas, vigilantes, sobre todo respecto a ellos mismos. Para mantenerlos en la agonía que Edmundo Desnoes refiere, adora, y en cuyo honor ofrece en holocausto todas sus memorias, tanto las subdesarrolladas cubanas como las desarrolladas estadounidenses:

Yo todavía creo...a pesar todo (sic), que Cuba vive en agonía, el proyecto está totalmente en agonía. Quisiera que los jóvenes asumieran el sentido de trascendencia en lo que hacen, sin abandonar la búsqueda individual, no a través de la voz social: a través de la voz individual y de la conciencia individual. [...] cómo salir de esto. Yo lo denuncio, yo no tengo la respuesta de cómo resolverlo. Nosotros intentamos algo y fracasamos. Pero hay que mantener la obstinación de la búsqueda. La búsqueda de la salvación [...].[1]

Y en el mismo volumen, llanamente intitulado *Memorias del subdesarrollo* (Ediciones ICAIC, 2017), segundo de la necesaria

---

1 Censig, Javier, Iana Cossoy Paro, Thiago Mendoça y Moara Passoni: "Memorias del subdesarrollo, dramaturgia y América Latina. Conversación con Edmundo Desnoes", en Memorias del subdesarrollo, Ediciones ICAIC (Colección Guion Cubano), La Habana, 2017, p. 159

Colección Guion Cubano, que compila como material complementario esta entrevista brindada originalmente por Desnoes en 2008 a *Le Monde Diplomatique*, aparecen unas notas de trabajo del director de la famosa cinta (originalmente publicadas en la revista Cine Cubano Nro. 45-46, de 1968), donde, allende su adscripción apasionada al Neorrealismo Italiano, expone sin ambages que

No nos importa, en definitiva, reflejar una realidad, sino enriquecerla, excitar la sensibilidad, desarrollarla, detectar un problema. No queremos suavizar el desarrollo dialéctico mediante fórmulas e ideales representaciones, sino vitalizarlo agresivamente, constituir una premisa del desarrollo mismo, con todo lo que eso significa de perturbación de la tranquilidad.[2]

Y, como una cuña, entra en escena José Ortega y Gasset, para reafirmar que sin "opiniones, la convivencia humana sería el caos; menos aún: la nada histórica".[3] Lo que complementaría Gutiérrez Alea afirmando que "solo se puede transformar la realidad —y transformarnos a nosotros mismos mediante esa práctica— si se tiene una actitud crítica ante la misma"[4]. Continuamos...

Como bien acota el investigador Juan Antonio García Borrero en su libro *El primer Titón* (Editorial Oriente, 2016) —el primero de una posible saga que busca cartografiar la persona y la obra del director de marras, en hervorosa interacción (¿integración?) con el contexto donde le tocó pensar y luego existir—, aunque el Neorrealismo ofreció importantes coordenadas a los futuros padres fundadores del ICAIC,

---

2 Gutiérrez Alea, Tomás: "Memorias del subdesarrollo: notas de trabajo", ob. cit. p. 139.

3 Ortega y Gasset, José: La rebelión de las masas. Colección Austral, Espasa-Calpe, Madrid, 1955, p. 135.

4 Gutiérrez Alea, Tomás: "No siempre fui cineasta", incluido como Anexo en García Borrero, Juan Antonio: El primer Titón. Editorial Oriente (Colección Diálogos), Santiago de Cuba, 2016, p. 133

entre los que se halla Titón, ya desde su misma estancia en el Centro Sperimentale di Cinematografia de Roma

[s]i algo había comenzado a poner en entredicho [...] fue esa confianza cándida que el hombre común deposita en la capacidad de "realismo" que parece monopolizar la cámara cinematográfica. Para este espectador más bien inocente, cuando un cineasta se lo propone, puede captar con su lente las cosas "tal como ellas son". Y a ese espejismo lo etiqueta como "cine realista".[5]

La duda creativa como importante herramienta intelectual, la deconstrucción analítica del contexto sociopolítico y cultural. El arte como perturbación perenne del sedentarismo intelectual y el enquistamiento gnoseológico. La responsabilidad social como acto de provocación y relativización de esquemas y cánones acomodadizos. La revolución como broca que va sajando cada vez más profundos estratos perceptuales, acorde las intenciones (re)fundacionales de Fidel Castro respecto a la médula misma de la sociedad cubana, con quien el joven Alea se identificaba en total connivencia con su sentido —y reconocimiento como sujeto— histórico.

En un período tan singular como el bienio 2016-2017, ubicado entre los respectivos medios siglos de estrenadas *La muerte de un burócrata* (1966) y *Memorias del subdesarrollo* (1968), Tomás Gutiérrez Alea viene a ser más recientemente abordado en el universo editorial impreso cubano con este par de títulos ya referidos: *El primer Titón* y el guion de *Memorias del subdesarrollo*. Que si bien no integran un díptico, en tanto la disparidad de conceptos y enfoques, auspiciados respectivamente por los dos sellos que más sostenidamente han publicado sobre el tema fílmico nacional —Editorial Oriente y Ediciones ICAIC; la primera una real alternativa respecto a la segunda—, sí que resultan par de documentos contra la desmemoria y la carga de subdesarrollo que esta implica. Pues ambas sirven para no

---

5 Ob. cit, p. 87

vivir "demasiado en el presente"[6] y frívolamente pendiente de "adaptarse al momento".[7] Desde una lucidez o al menos una conciencia de la gordiana madeja dialéctica que nos trajo al ahora, nos lleva al mañana, y nos defenderá o condenará cuando seamos pasado.

Uno de los principales méritos del libro de García Borrero es revalidar lo que para muchos sería mero introito, mero umbral para desplegar todos los colores y banderas del cine de Titón en tiempos del ICAIC, y así pensar al realizador casi mítico (sin dudas legendario) de *Memorias...*, *Una pelea cubana contra los demonios* (1971) y *La última cena* (1976) como un todo un proceso. Como la evolución de un ser que, más que morir, nació en diciembre de 1928 con el nombre de Dámaso Tomás de la Caridad. Fue niño, adolescente. Filmó breves cortometrajes casi caseros, (auto)experimentales como *Una confusión cotidiana* (1950), basado en un cuento de Kafka, y con un Néstor Almendros también joven, y con un Vicente Revuelta bisoño. Pero hasta esta obra perdida, despreciada, lúdica, apenas referida, se puede rastrear la prehistoria de cintas por venir como *La muerte de un burócrata*, de indudable aliento kafkiano.

Y hasta podemos también atrevernos a pensar *Memorias...* desde Kafka, además de los más evidentes Brecht[8] en cuestiones de solución dramatúrgica, y Camus, en la urdimbre del protagónico Sergio ("si la sombra de alguna novela está detrás de *Memorias...* es *El extranjero*

---

6 Fragmento de la novela Memorias del subdesarrollo citado en Caballero, Rufo: "Memorias del subdesarrollo: la novela y la película son una y la misma cosa", en Memorias del subdesarrollo, Ediciones ICAIC (Colección Guion Cubano), La Habana, 2017, p. 217

7 "Páginas de un diario. Guion cinematográfico de Edmundo Desnoes y T. G. Alea basado en la novela Memorias del subdesarrollo de Edmundo Desnoes" (guion), ob. cit., p.86

8 "El filme, como la novela, se concibe desde la discontinuidad y la ruptura, como una dinamitación perenne del estado de identificación, en aras de favorecer la distancia reflexiva que importaba a Brecht" (Caballero, Rufo: "Memorias del subdesarrollo: la novela y la película son una y la misma cosa", ob. cit., p. 222)

de Camus"[9]). Pues Sergio también se debate en un laberinto sin salidas ni entradas, más interno que externo, que le confiere una "condición discursiva contradictoria"[10], a este sujeto naufragado a plena y consciente voluntad, que

[a] la Revolución la condena al fracaso, pero prefiere habitar su espacio que incorporarse al exilio. [...] El exilio es rechazado por no haber realizado lo que una burguesía culta y moderna debe proponerse: "acabar con los bohíos y la sabrosura cubana, obligar a todo el mundo a estudiar matemáticas" y la Revolución es reconocida como consecuencia de la omisión de la clase pudiente. Su caudal de lecturas le indica que ambos resultados son lógicos y hasta predecibles dentro de la historia cultural de Occidente y que esa historia no ha sido más que un texto sin sorpresas ni ilusiones, solo de errores y lecciones repetidas".[11]

Contrario al guion original que ahora publica Ediciones ICAIC en la colección coordinada por Arturo Arango, donde la cinta —inicialmente titulada *Páginas de un diario*— hubiera iniciado con el suicidio de Sergio, la *Memorias...* concretada finalmente en el celuloide, evita enunciar o establecer un final nítido y preciso, que hubiera acercado más a la cinta al espíritu y la suerte de un también muy cercano Doctor Zhivago.

Termina remitiéndome —caprichosamente, pero al final me brinda los suficientes asideros para ver lo que quiero ver en la película— al final trunco de *El castillo*. Con todo y su paneo a lo Antonioni. Sergio termina parapetado, naufragado, en su castellano apartamento, con su clásico telescopio, con su faz impasible e inmarcesible, la cual, a pesar

---

9 Desnoes, Edmundo: "Epílogo para la gente nueva", referido en Caballero Rufo: ob. cit., pp.218-219

10 de la Campa, Román: "Memorias del subdesarrollo. Novela/texto/discurso" en ob. cit., p. 210

11 Ob, cit, pp. 206-207

de las constantes revelaciones en *off* de sus concepciones, se reserva una dosis nada despreciable de misterio. Quizás insinúa un segundo estrato de sentidos que se esparce rizomática pero clandestinamente a lo largo de toda la cinta, e inquieta más por sus reservas que por sus (auto)confesiones. La inclusión de la secuencia del suicidio hubiera saboteado mucho este fantasma incordiante que recorre el mundo de Sergio (Malabre en la novela).

Así mismo sucede cuando en la trama de su corto *Il sogno de Giovanni Bassain* (*El sueño de Giovanni Bassain*, 1953) no acreditado a su autoría, dada su condición de estudiante extranjero del Centro Sperimentale sin derechos a filmar, se vislumbra —también caprichosamente, y hasta de manera antojadiza— un germen de la casi terrorífica *La última cena*. El personaje de Bassain sueña doblemente que la vida le obsequia tesoros escondidos con azarosa bondad; pero al final de la historia y algunos avatares, se enfrenta a la dura fatalidad de su pobreza. En *La última cena*, la concordia preconizada por el amo azucarero en Semana Santa puede bien representar el sueño vindicatorio de sus esclavos reunidos como iguales en opíparo banquete, donde Saturno se enmascara en Cristo, hasta que los ingenuos esclavos despiertan de su sueño de justeza bajo las dentelladas caníbales de este otro terrible y previo Dios Padre que devoró a sus hijos. Como el otro Dios Padre de los hebreos lanzó a su único descendiente a que fuera devorado de igual o más horrenda manera por los hijos de Adán.

Ahora, volvamos a Titón antes que sea tarde pues, con García Borrero, se debe evitar la tendencia desafortunadamente muy generalizada donde

toda la atención del experto se dirige hacia la obra en sí, como si esta gozara de una autonomía tal, que las explicaciones de su existencia puedan encontrarse dentro de ella en su totalidad.[12]

---

12 García Borrero, Juan Antonio: El primer Titón. Editorial Oriente (Colección Diálogos), Santiago de Cuba, 2016, p. 12

Precisamente, el artífice del blog *Cine Cubano: La Pupila Insomne* lanza al ruedo analítico a un Titón joven, amigo de otros jóvenes como Guillermo Cabrera Infante y Almendros. A un Titón sumergido en un crisol amargo —más bien un alambique donde se destilaba el vino de plátano, con 100% de acritud garantizado—, pero también elegante, pasional y apasionada, tiranizada pero fundacional. Lo suficiente muelle, a la vez que incómodamente estimulante, para la germinación de un talento, una vocación y sobre todo una voluntad, sobre todo de pensar. Pues con Desnoes pienso que "el pensamiento es una forma de acción"[13], para luego existir y hacer.

Así, Juan Antonio, abanderado (y sospechoso) habitual de reformular y complejizar (nada ocurre en una esfera de aislamiento dialéctico) los enfoques históricos sobre el cine cubano y todo lo que le concierne, busca en su libro

explorar la interacción entre el mundo material en que se desarrolló el cineasta (las condiciones objetivas de producción cinematográfica), el mundo de la cultura (de las ideologías, de las artes) en el que le tocó vivir y debatir una vez que fuera "arrojado" al mismo, y el mundo afectivo (que podría deducirse de su epistolario y polémicas, por ejemplo).[14]

Tomás Gutiérrez Alea reaparece como un sujeto multiaxializado por unas circunstancias que García Borrero repasa, aunque una mirada algo superficial —pero también razonablemente agotada por las tautológicas y maniqueas referencias al maldito pasado pre-1959 que acompañan al cubano desde sus tempranas edades— pueda crispar los labios en un rictus de hastío, ante una posible nueva andanada de "lo

---

13 Censig, Javier, Iana Cossoy Paro, Thiago Mendoça y Moara Passoni: "Memorias del subdesarrollo, dramaturgia y América Latina. Conversación con Edmundo Desnoes", en ob. cit, p. 152

14 García Borrero, Juan Antonio: El primer Titón. Editorial Oriente (Colección Diálogos), Santiago de Cuba, 2016, p. 15

mismo con lo mismo". "Sí, pero no" —para seguir amenizando un poquito más con dicharachos.

Aquí García Borrero articula alrededor de Titón, como contexto y motivación, una historia cultural, asumida como campo complejo donde elementos políticos, artísticos, intelectuales y económicos se mixturan en una intensa esfera de influencias. A la vez, Juan Antonio destrenza (nunca deshace ni escinde) algunos segmentos significativos de este herviente pasado y los proyecta, con meticuloso cuidado de no desligar ninguna hebra. Y así, apreciar todas las conexiones lógicas, siempre multi conectadas, poliédricas, mutables, que ayuden al sustento de sus tesis sobre el Titón genésico. Pues

lo que aquí podrá hallarse es una suerte de boceto del diálogo que me hubiese gustado mantener alguna vez con el cineasta. O lo que es lo mismo: un conjunto de reflexiones (a ratos polémicas), inspiradas en sus propias maneras de pensar. [...] Es una manera de rescatar el "yo crítico", sepultado por las densidades de un "nosotros" ficticio que fue delegando en "la Historia" (ese "más adelante" que nos obliga a enmudecer) un supuesto juicio de nuestras acciones colectivas.[15]

Esta postura entra así en diálogo estrecho con la postura creativa de Edmundo Desnoes, quien apunta en 2008 a sus entrevistadores brasileros, en los primeros párrafos de la entrevista referida

la historia vista a través del individuo es mejor, cómo resuena en una conciencia individual, es este el descubrimiento de Memorias... [...] Es un momento histórico muy intenso, pero él estaba perdido, y yo me sentía en esa etapa como una persona perdida en un momento de gran importancia histórica.[16]

---

15 Ob. cit., P. 21

16 Censig, Javier, Iana Cossoy Paro, Thiago Mendoça y Moara Passoni: "Memorias del subdesarrollo, dramaturgia y América Latina. Conversación con Edmundo Desnoes", en Memorias del subdesarrollo, Ediciones ICAIC (Colección Guion Cubano), La Habana, 2017, p. 151

Como un tercer vértice, entra en el coloquio Alea y su cinta —que es muestra de casi perfecta simbiosis conceptual y textual con la novela escrita en 1964—, con la cual ya viene a practicar un repaso distanciado (y por ende crítico) a una historia inmediata, a un proceso aun efervescente. Aun tan apabullante, que poco tiempo antes Fidel debe reconocer que se ha creado una Revolución más grande que "nosotros mismos". Pero de 1962 a 1968 ya ha experimentado significativas variaciones y hasta (trans)mutaciones, como todo proceso vivo, dialéctico. Y esta película suya es también un acto de fe en la flexibilidad de un proceso insondable en sus dimensiones y consecuencias históricas, y por ende, debería devenir una plataforma inclusiva, capaz de admitir el disenso, el diálogo y el pensamiento crítico, desde el legítimo derecho a ejercerlo. Y resulta un alegato participativo, de memoria, consecuente desde el propio lenguaje híbrido, mixto, metatextual, que Titón despliega (como nunca más lo hizo en tales dimensiones) contra

los que se creen depositarios únicos del legado revolucionario; los que saben cuál es la moral socialista y han institucionalizado la mediocridad y el provincianismo; los burócratas (con o sin buró); los que conocen el alma del pueblo y hablan de él como si fuera un niño muy prometedor de que se puede esperar mucho, pero al que hay que conocer muy bien, etcétera, etcétera [...] ; son los mismos que nos dicen cómo tenemos que hablarle al pueblo, cómo tenemos que vestirnos y cómo tenemos que pelarnos; saben lo que se puede mostrar y lo que no, porque el pueblo no está maduro todavía para conocer toda la verdad; se avergüenzan de nuestro atraso y tienen complejo de inferioridad a nivel nacional. La película se propone también, entre otras cosas, molestarlos, provocarlos, irritarlos. A ellos también va dirigida.[17]

Aunque divergente por completo con el personaje protagónico, Alea lo convierte en su Salomón negro (¡Ave, Rubén Darío!). Se enviste, con

---

17 Gutiérrez Alea, Tomás: "Memorias del subdesarrollo: notas de trabajo", ob. cit. p. 140

Sergio como toga, de abogado del diablo (quizás una reminiscencia útil de su licenciatura originaria), y se lanza a vituperar, impugnar, deconstruir.[18] A diseccionar bajo su telescopio-microscopio los años fundacionales, la hora de los hornos, a la que da por finalizar muy particularmente, y junto a Desnoes, con la consagración de la (nada primaveral) plaza sitiada, durante otros trece días de Octubre que sin duda estremecieron el mundo; pero de manera más elemental, más visceral, más terrible. Días en que nacieron demonios contra los que unos pocos años después tuvieron que lanzar una muy personal (y sin dudas más embozada, brillantemente cautelosa y simbólica) pelea cubana. Participativa, lancinante, pero más sombría, donde se repite el protagonista dolorosamente lúcido en plena brega contra el oscurantismo del Setecientos insular.

Precisamente, *Una pelea cubana...* y *La última cena* —también, a la larga, *Los sobrevivientes* (1978), con su alegoría grotesca de la tozudez, el enquistamiento, la intolerancia y el conservadurismo— representan otros repasos a una historia que nos grita a los espectadores presentes, quienes no somos más que sus destilaciones, sus proyecciones al futuro, las consecuencias de esos pecados ya no tan originales. Ojalá fueran originales, en vez de ser tan patéticamente reiterativos, tan enloquecedoramente cíclicos.

Titón trata de alertar una vez más que el proyecto social con intenciones de revolucionar todos los estratos de la nación (se enfrenta y) debe pulsar cuerdas tan enraizadas en la memoria genética del ser humano, que los ideales de la Revolución —soñada y seguida por él y sus amigos del Cine-Club de la Universidad de La Habana, de la primera Cinemateca de Cuba, de la Sociedad Cultural Nuestro Tiempo, del Centro Sperimentale, del ICAIC prístino— se debe convertir al final en una verdadera pelea cubana contra la misma naturaleza humana, en nombre de una trascendencia histórica real. Es el verdadero "todo o nada" que está en juego. La utopía última.

---

18 Ver nota 8

Alea sí parece compartir la soledad y el aislamiento del Sergio que fue antes Malabre, pero que es también mucho Desnoes, quien declara (y Alea también, quizás) seguir

pensando en la salvación a través de la literatura y del arte, del cine. Buscar una salvación y no el éxito. La búsqueda es siempre solitaria. Todos los mitos occidentales son de un individuo solo, que está buscando.[19] [...] En este tema hay que pensar que el final feliz y la solución son otro mito. Realmente somos mortales. Y no hay quien acabe con esto. Vamos a morir. Todo muere. En el sentido de que somos seres que no vamos a perdurar. Vamos a desaparecer. Lo más cercano a nosotros es la tragedia, [...]. Como Goethe, somos frutas que maduran la muerte. Madúrese porque va a morir. Yo mismo siento que maduro en la ruina. Y hay una belleza en la ruina. [...] Yo diría que para mí, mirando hacia atrás a mi vida y a la experiencia de la Revolución, lo más importante es la intensidad, más que la verdad. [...] Y este es un nivel de salvación. Pero, sobre lo que dices: todos estamos condenados al fracaso y la historia es también triste, es una historia de fracasos y de abrazar el fracaso. [...] a pesar de que no haya solución, tienes que creer en tus propios valores, en la intensidad, en sentirte vivo, en una experiencia, en una idea, en una relación amorosa, en una pasión.[20]

Por eso Sergio no puede terminar suicidándose...ni Titón olvidado, ni la historia muerta en una tumba de tedio, sobre la cual termine pataleando una turba alienada de tanta desmemoria; ebria de tanta sabrosura salvaje tras la que se emboza un vacío nunca saciado con tantos torrentes de sonido y furia subdesarrollados. Endemoniados. Sobrevivientes. Preguntando, como un mantra o una consigna, por una

---

19 Censig, Javier, Iana Cossoy Paro, Thiago Mendoça y Moara Passoni: "Memorias del subdesarrollo, dramaturgia y América Latina. Conversación con Edmundo Desnoes", en ob. cit., p. 163

20 Ob. cit., pp. 165-166

Teresa que nadie sabe quién es. Porque quizás ni existió. ¿Pero dónde está Titón?

El patriotismo risueño. Apuntes sobre la construcción de personajes de corte histórico en la obra de Juan Padrón

Introducción: El héroe nacional como símbolo de la resistencia patriótica

Tras un veloz vistazo a la literatura y el arte épico mundial (una de las manifestaciones creativas más tempranas de la Humanidad) de sino verídico o ficticio, un espectador medianamente sagaz avizorará la axial importancia del "héroe" como paradigmática *summa* de virtudes, valores y conductas de una tribu, comunidad o sociedad. Gilgamesh, Hércules, Aquiles, Quetzalcóatl, Caupolicán, Väynämöinen, Beowulf, Rama, Roldán, Artús, Iliá Múromets, Igor Sviatoslávich, Sigfried, Mío Cid, y otros titanes de los diferentes textos *epos* antiguos y medievales, se erigen, además de didácticos tratados ético-morales, como exaltadas hiperbolizaciones del orgullo nacional: bien justificando con argumentos sacros y físicos su brega por prevalecer sobre los territorios aledaños, a sangre y fuego; bien enalteciendo la resistencia patriótica ante la inmiscusión de potencias foráneas que coarten la autonomía del pueblo.

El héroe épico (casi siempre guerrero) materializa para las grandes multitudes, abstracciones y entelequias como Libertad, Justicia, Coraje, Fraternidad, las cuales de otra manera permanecerían en planos gnoseológicos incomprensibles para el común de los mortales. Más allá de la fuerza física o moral, dicho ente ostenta el poder metafórico y metonímico del símbolo: representa y resume en sí el poder cultural y material de la nación, latente en cada integrante de ésta. Busca este carácter instigar en cada persona el orgullo de ser, y de ser el mejor, de tener la razón en su lucha. Cataliza el *chauvinismo,* muy necesario en tiempos de conquista o resistencia.

Sobre la implantación de paradigmas culturales se ha basado en gran medida la dominación del Occidente primermundista sobre el

Oriente y el Sur tercermundistas. La difusión mediática entre los públicos populosos de héroes ficticios o no, de guisa estadounidense o europea, todos símbolos de los *way of life* preconizados por estas potencias, redunda en la jerarquización de los valores "occidentales", en detrimento de los íconos culturales autóctonos de las naciones neocolonizadas, fomentando la xenofilia, el complejo de inferioridad y el desprecio por lo local. De repente, el *cowboy* blanco se erigió como impoluto titán asediado por los andrajosos salvajes, el hombre mono ario derrotaba a mente y músculo una iracunda turba de negros africanos, incapaces de autogobernarse, o el chinito cabezón y dentudo era reducido a servil y chistoso acólito del rubicundo héroe. Inevitable es que la cultura occidental, como cualquiera, valide sus ideales, pero imperdonable es que requiera sacrificarse en holocausto, los paradigmas del Otro.

Las avalanchas homogeneizadoras foráneas han recibido, desde la cultura *pop* (historieta, radio, cine y TV) de los diferentes países influenciados, respuestas de nuevos héroes de sesgo nacional, que contraponen a los orgullosos símbolos externos, los orgullosos símbolos internos. Responden al *chauvinismo* importado, con *chauvinismo home made*. Fuego combatido con fuego.

A lo largo del mundo surgen personajes, (anti)héroes que valiéndose de los recursos formales ya cimentados en las preferencias de los grandes públicos, tratan de marcar la diferencia, de torcer los cuellos hacia el orgullo local, hacia las culturas y las historias nacionales. Abandonados los intentos por revalidar solemnemente las epopeyas y héroes autóctonos, olfateadas como arcaico moho por generaciones desarraigadas, enajenadas por la distancia y las más atractivas propuestas externas, emergen nuevos personajes heroicos y entretenidos, la mayoría en la muy barata historieta, en menor medida en la animación cinematográfica y televisual, y un poco en la "acción real". Signados son la mayoría por el humor, suave o escandaloso, y por una visualidad atractiva, según los cánones sentados por las propuestas occidentales. Más allá del empaque formal, estos buscan la promoción de las tradiciones, las historias, los paradigmas, y hasta los estereotipos locales.

En la Argentina, aparecen personajes basados en la cultura patagónica como el cacique *Patoruzú*, de Dante Quinterno; o en el contexto gaucho, como *Nahuel Barros*, concebido por H. G. Oesterheld; *Fabián Leyes*, de Enrique Rapela y *Hormiga Negra*, de Walter F. Ciocca, suerte de westerns pamperos "serios", contrapuestos por el agudo humor de *Inodoro Pereyra*, de Fontanarrosa. El Perú detenta al diminuto *Cuy*, de agudas lengua y reflexión, creado por Juan Acevedo. Las luchas de las islas del Pacífico Sur contra la dominación extranjera encuentran eco en las historietas de *Koolau El Leproso*, del español Carlos Giménez.

Francia es representada en la palestra gráfica y fílmica mundial, por los inefables *Astérix & Obélix*, creados en 1959 por René Goscinny (guión) y Albert Uderzo (dibujos), los cuales, en unos cuarenta libros, más de diez filmes de animación y tres de "acción real", atizan el secular orgullo galo entre los franceses actuales, colimando desde ángulos diferentes al imperio Romano, pues como uno de los pilares de la cultura occidental, esta nación guerrera ha sido numerosas veces representada (sus legiones conquistadoras y los césares, la Ciudad Eterna) como gloria civilizatoria. Entretanto, la pequeña aldea gala, desdoblamiento del David bíblico, resiste las embestidas de sus innúmeras legiones, ridiculizadas y minimizadas a ultranza, como ocurre siempre en sistemas de representaciones hegemónicos, aunque sean de contracandela.

El héroe nacionalista, patriótico, se erige como potente recurso propagandístico, abrogándose todas las licencias poéticas concedidas por este método de lucha ideológica. Desafiada la "objetividad histórica" al más puro estilo épico antiguo, donde le era permitido a Roldán aniquilar miles de enemigos a puro mandoble, o a Rama disparar decenas de dardos a la vez, masacrando millares de demonios, se hiperboliza al protagonista hasta cumbres de carisma y fuerza, denostado el oponente hasta simas de ridículo y debilidad.

CUBA: HISTORIA & "MUÑEQUITOS"

Desde los primeros años del siglo XX, Cuba contó con personajes gráficos que simbolizaban al pueblo raso, zarandeado entre torbellinos de intereses políticos y económicos de la aristocracia local y Estados Unidos, que no tardó en bombardear el acervo del cubano con andanadas de cómics, dibujos animados y cine, allanando el panorama mental para la dominación consensuada.

Liborio, de Ricardo de la Torriente; *El Bobo*, de Eduardo Abela, *El Loquito*, de René de la Nuez, y el perrito *Pucho*, de Virgilio Martínez, con sus agudas y más/menos veladas críticas del contexto sociopolítico, integraron en sus momentos, la resistencia massmediática local a la seductora imposición foránea.

Tras la revolución de 1959, deviene política oficial la sustitución de la profusa industria cultural USA, por producciones gráficas y animadas *Made in Cuba*, portadoras de mensajes nacionalistas, revalidadores de las esencias culturales, de los valores históricos, desde el anticolonialismo y la legitimación del otro, dígase, en el caso cubano: el aborigen, el negro esclavo y cimarrón, el mambí, el luchador rebelde, personajes representativos de etapas significativas durante los más de 500 años de historia escrita del país.

Ya desde la lucha en la Sierra, el periódico clandestino *El Cubano Libre* venía publicando la tira *Julito 26*, de Santiago Armada (Chago), apareciendo en las décadas posteriores las historietas *Guabay* y *Yarí*, creaciones de Roberto Alfonso, que buscaban el diálogo entre los jóvenes y los "verdaderos cubanos", desde la aventura; *Marabú*, de Cecilio Avilés, cimarrón apalencado que resistía oleadas de rancheadores y esclavistas, complementado este héroe por el más lúdico y perversamente travieso *Negrito Cimarrón*, serie animada de Tulio Raggi que rompe con el sino realista de las tres mencionadas, evidenciado más palmariamente el sesgo asterixiano: caricaturización y humorada extremas. Es el Negrito, suerte de *trickster* justiciero, cuya lucha contra los malvadísimos blancos, es facilitada por la supina estupidez de éstos.

Elpidio Valdés: al machete y con la luz apagada

Hacia esta tendencia satírica "de golpe y porrazo", se inclina el sin dudas más popular de los personajes gráficos y animados del siglo en Cuba: *Elpidio Valdés*, creado para el papel en 1970, y adaptado al celuloide en 1974 en los Estudios de Animación del ICAIC, por Juan Padrón (Cárdenas, 1947), Premio Nacional de Humorismo 2004 y Premio Nacional de Cine 2008.

Ícono *pop* cubano por excelencia, el mambisito de bigote retorcido, figuración simple, recordable y reproducible sin apelar a destrezas plásticas especiales, aúna en sí el carisma del también icónico *Mickey Mouse*, la inexpugnable donosura de *Superman*, el dinamismo visual de un *Astérix,* y el agudo humor de este y las épocas doradas de la *Warner Brothers* y la *MGM*. Este empaque formal, de proba efectividad entre los masivos públicos audiovisuales de todo el mundo, devino vehículo propicio para difundir premisas ideológico-pedagógicas caras a los intereses nacionalistas, de resistencia y validación de la historia cubana, entre las nuevas generaciones y el país en general.

Desde la gris década de 1970, *Valdés* tendió puentes estéticos con los "muñequitos" americanos: *Bugs Bunny, Daffy* (*Lucas*) y *Donald Duck,* Silvestre & Tweety, *Pluto, Goofy* (*Tribilín*), *Tom & Jerry, Woody Woodpecker* (*El Pájaro Loco*), *Mr. Magoo,* pertrechados de probos recursos como la vertiginosa comedia física heredada de las fundacionales comedias del "Rey" Sennett, Oliver & Hardy, Keaton, Chaplin, Chase; la hipérbole visual/gestual, el *gag* oral basado en retruécanos lingüísticos, y una aguda capacidad de ridiculizar al héroe, sin lastrar su integridad medular.

En la especie de primera temporada del personaje, integrada por títulos como *Una aventura de Elpidio Valdés, Elpidio Valdés contra el tren militar* (ambos de 1974), *El machete* (1975), *Elpidio Valdés asalta el convoy, Clarín mambí, Elpidio Valdés vs. la policía de New York* (los tres de 1976), *Elpidio Valdés encuentra a Palmiche, Elpidio*

Valdés está rodeado (estos de 1977), el público se enfrentó con una figurilla rechoncha y maliciosa, cual *Jerry* en constante asedio de *Tom*, *Bugs Bunny* atormentando a *Elmer* y a *Daffy*, la *Pantera Rosa* exasperando al hombrecillo.

Anulada quedó de un plumazo en la percepción del público cubano, la intrincada experimentalidad del animado cubano de los 1960, hipertrofiado por la densidad conceptual y visual, concomitante con las creaciones soviéticas de la época, cuyas miras apuntaban más hacia el proto-videoarte de excelsitud vanguardista, que a la seducción lúdica y la sutil sedimentación de saberes, a través de sencillos códigos compartidos y apreciados por el espectador medio.

Claro que esto Padrón lo consiguió a través del herético redimensionamiento de la, hasta el momento, austera figura del mambí, sagrado paladín libertador, venerado desde las más tempranas lecciones de historia. Algo, por demás irrepetible en el panorama audiovisual cubano, dominado todavía por la representación hierática del mártir, lo cual a la larga redunda en extrañamiento insalvable entre hombre común y paradigma cuasi nirvánico, desapareciendo toda empatía, base de la identificación/admiración orgánica.

Comprendió esto el realizador, acariciando la médula burlesca del cubano, estableciendo hábil pacto de lectura didáctico-propagandista: te hago reír con caballos matamoscas como el joven Palmiche, y borrachos como los de New York, te hago reír con la pelirroja yegüita traductora, el gordo zonzo de la tuba, el Resóplez atormentado durante toda la noche por el mambí, convertido en cazador de sus cazadores. A cambio de la diversión, tú aprehendes sin resistencia, lecciones de patriotismo, antiimperialismo, historia nacional (devenir del machete en las luchas independentistas, del clarín, el cañón de cuero y el torpedo mambises, del papel de la diáspora tabaquera en Estados Unidos, desde donde partían las expediciones una y otra vez asediadas por genuinos *Keystone Kops,* de los fusiles empleados en las guerras independentistas, de los azarosos aprovisionamientos clandestinos de sal); tomas incondicional partido por los mambises, por Cuba y su épica tradición de lucha.

Pacto de lectura éste, mantenido con aceitada precisión jocosa, a través de las subsiguientes estilizaciones visuales y conceptuales experimentadas por el personaje, en posteriores animados como *Elpidio Valdés contra los rayadillos* y *Elpidio Valdés fuerza la trocha* (1978), donde el mambisito patato gana en estatura, se antropomorfiza, transitando de travieso lepricornio hasta astuto luchador. Experimenta una evolución inversa a Mickey Mouse, el cual comenzó en 1928 (*Plane Crazy, The Gallopin Gaucho, Steamboat Willie*) como larguirucho roedor, de ojillos diminutos, y terminó como afelpado peluche de ojos saltones, casi del tamaño de sus orejas. Con Elpidio se invierte el proceso, pasando de redondeado duendecillo de ojos saltones, ha proporcionado homínido de ojos como puntos, que entabla una "seria" pelea con el embrión del contraguerrillero Mediacara, en...*contra los rayadillos,* y despliega habilidades estratégicas en ...*fuerza la trocha.*

Padrón madura artísticamente junto a su personaje. Concibe fondos más elaborados, más correspondientes con el dibujo animado, que con la grafía austera de los primeros capítulos. Anima con más precisión y soltura de movimientos, logrando coreografías de combates masivos y personales más caros a la aventura que al divertimento, sin renunciar al tono humorístico de los franceses *Cartouche* (Philippe de Broca, 1962), *El tulipán negro* (Christian-Jaque, 1963), y el muy cubano *Aventuras de Juan Quin Quín* (Julio García-Espinosa, 1967).

La organicidad de los guiones no sufre con los cambios, ni merma el atractivo del personaje, quien termina rompiendo definitivamente su sintonía con el mañoso galo, en el largometraje de 1979 titulado sencillamente *Elpidio Valdés*; apuesta exitosa por remontar (tardíamente) las breves extensiones que caracterizaron hasta el momento todas las producciones del cine animado nacional, y validarlo entre el más legitimado catálogo de largometrajes. Tuvimos nuestra tardía *Blanca Nieves y los siete enanitos* (Cotrell-Jackson-Morey-Pearce-Sharpsteen, 1937).

El mambí es representado en este filme, y en su secuela de 1983: *Elpidio Valdés contra dólar y cañón,* como héroe de acción hecho y derecho, valiente, irascible, tozudo, impulsivo, pasional, matizado por cierta timidez en el área amatoria, ocupada por la valiente criolla María Silvia. Acomete acciones cuasi suicidas, experimenta todo un abanico de emociones humanas; su personalidad es configurada desde el hombre, no más desde el mambicillo travieso.

Se reafirma como héroe corajudo en el muy logrado dramatúrgica y técnicamente *Elpidio Valdés contra la cañonera* (1980), donde otra lección de historia es impartida desde la amenidad (el proceso de extracción clandestino de *la sal y el real torpedo mambí)*, compensado por el delicioso humor negro de *Elpidio Valdés y la abuelita de Weyler* (1989), mezcla del *western* ferroviario con la aventura a lo Indiana Jones; y el refrescantemente doméstico *Elpidio Valdés se casa* (1991).

Mas, el humor farsesco pasa a ser patrimonio de los personajes secundarios y los negativos, los cuales protagonizan la mayoría de las producciones cortas subsiguientes. Permanece entonces Elpidio como eje alrededor del cual gira el mundo mambí, o incluso mero ente pretextual, un tanto agotado como héroe impoluto, sin conflictualidades internas sólidas o matices psicológicos, que permitan la renovación. Priman obras como *Elpidio Valdés y el fusil* (1980), *Elpidio Valdés y el 5to de cazadores*, *Elpidio Valdés ¡Capturado!*, *Elpidio Valdés ataca Jutía Dulce, Elpidio Valdés en campaña de verano* (todos de 1988), *Elpidio Valdés y Palmiche contra los lanceros* (1989), *Elpidio Valdés conoce a Fito, Elpidio Valdés y los inventores* (1992), la mayoría en codirección con Mario Rivas y Tulio Raggi. Los personajes de Resóplez, Don Cetáceo, el Coronel Andaluz, los contraguerrilleros Mediacara y Cortico, Palmiche, María Silvia y Pepito el Corneta, se abrogan casi el 100 % del atractivo de la franquicia: al asumir la humorada aguda y la hábil combinación de travesura y dignidad que autenticaron a Elpidio como héroe cubano, erigido sobre el pedestal del sempiterno choteo.

Este redimensionamiento del personaje, a fuer de dignificarlo como mambí ejemplar frisando la excelsitud, alcanzó definitivo anticlímax en la serie televisiva *Más se perdió en Cuba* (1995), irónicamente coproducida con la TV Española. Este canto de cisne del mambí bajo la égida de Padrón (hubo dos posteriores intentos, dirigidos sólo por Tulio Raggi), resultó muy desafinado, con amargos dividendos, traducidos en el total despropósito, y la desilusión entre los públicos identificados con el gracejo inherente.

Extremo intento historicista éste, el de abordar la Guerra Hispano-Cubana-Norteamericana de 1898, revirtiendo varios de los rasgos distintivos de la franquicia durante dos décadas: inesperada reverencia a las tropas colonialistas españolas, hasta el momento torpes fantoches, ridiculizados por la hábil táctica de Valdés; la desaparición de las hilarantes contrafiguras de Resóplez, Cetáceo y el Andaluz; la reducción a mera cabalgadura del carismático Palmiche. La carga cómica se reduce a poco menos que cero, convertido el nervioso bigote del coronel en recio mostacho que definitivamente desfiguró el emblemático rostro.

Con poco éxito, la agresividad farsesca se redirigió hacia los estadounidenses, y su jefe Teddy Roosevelt. La "seriedad" de la producción fue subrayada con violencia bélica explícita, para redondear la total inconsecuencia que la estigmatizó; tanto, que es casi preferible obviarla a la hora de hacer recuento de la historia de Elpidio Valdés. Olvidadas fueron con esta serie, y su posterior contracción en la cinta titulada *Contra el águila y el león* (1996), las claves del éxito del mambisito entre los públicos cubanos de todas las edades y generaciones, explicitados esta vez en descarnada demasía sus propósitos didácticos y propagandísticos, en detrimento del chispeante e imprescindible humor de Padrón.

TABEY & CO.

De manera paralela a las aventuras, venturas y desventuras del coronel Elpidio, Padrón concibió una *trouppé* de graciosos personajes patrióticos, que favorecen un periplo bastante completo por las diferentes etapas insurreccionales de la Isla, excepto el cimarronaje, asumido por el *Negrito* de Raggi.

Un año después de las dos primeras producciones del mambí, aparece en las pantallas cubanas (pequeñas y grandes), el animado *Tabey* (1975), donde el autor se retrotrae a las épocas más tempranas de la conquista española de Cuba, enfrentando a un joven aborigen cubano del grupo taíno, con la soldadesca hispana. El esquema argumental, el tono y la concepción del personaje, concomitan con el Valdés de entonces: el héroe pequeñajo, humorístico pero valiente, cuya astucia compensa las desventajas físicas y materiales respecto al enemigo grandulón, prepotente, y cabeza de chorlito, que termina irremediablemente burlado, aunque la historia "real" delate otras conclusiones menos agradables, como el exterminio genocida de los aborígenes cubanos por las fuerzas ibéricas, que no eran tan tontorronas como se les pinta. Tampoco lo eran los romanos que Astérix, Obélix y sus paisanos lanzan por los aires con pasmosa facilidad, ni los vietnamitas, soviéticos y birmanops que Rambo (cambiando el ángulo, pero manteniendo semejantes propósitos propagandísticos), derriba como moscas en sus filmes de 1985, 1988 y 2008.

Esta línea estética conceptual de David contra Goliat de diverso origen, se va a mantener en producciones posteriores como *Los valientes* (1977), uno de los animados donde Padrón propone más altas cuotas de fantasía, al enfrentar soldaditos de juguete, contra ratas saboteadoras del huerto pioneril; *La pregunta* (1980), contextualizado en las luchas antimachadistas de la Liga de los Pioneros de los 1930; y *Celedonio* (1983), que indaga en la guerra de guerrilla antibatistiana. Igual sesgo mantiene *N´vula* (1981), divergente únicamente en el contexto histórico-geográfico, ubicada la acción en la Angola invadida por tropas de Sudáfrica. Celedonio cambió el color de su piel para militar en las FAPLA, contra la UNITA. En 1990, Padrón vuelve a colimar África con *La fiesta de los hongos*, realizada con técnicas digitales de animación, que enfrían y extrañan un tanto el trazo de gruesa grafía del autor, imbricado orgánicamente con lo analógico (esta misma sensación da el video clip animado de Eliades Ochoa,

Píntate los labios María, dirigido por Ian Padrón, y el filme *Más Vampiros en La Habana*).

VAMPIROS EN LA HABANA: COLMILLOS ICONOCLASTAS EN EL TRÓPICO

En tanto Elpidio Valdés se "dignificaba" como paladín cada vez más impoluto, y las otras producciones replican el algoritmo, siempre salvado el resultado final por la solidez narrativa, el montaje y el guión, Juan Padrón toma, celuloide en ristre, el sendero estético-conceptual transitado ya prolíficamente en el terreno gráfico, con series como *Vampiros* y *Verdugos*, pletóricas de negrísima comicidad, muy lejos de todo recreacionismo histórico.

1985 acoge la realización y estreno de *¡Vampiros en La Habana!* (coproducción del ICAIC con la *Televisión Española* y la berlinesa oriental *Durniok Producciones*), ubicada la acción de esta cinta en la Cuba de Gerardo Machado, retomado una vez más el sendero histórico de buena parte de las producciones de Padrón[21]. Pero acá es torcido su compás hacia una bizarra sátira terrorífica-*noir*, que revoca la solemnidad de obras predecesoras. El talante político se ve reducido casi a mero contexto, para desplegar disparatada comedia fantástica, donde se articula una pensada pseudomitología vampírica, con elementos del cine negro estadounidense, para finalmente desmigajarse todo esto contra los muros del malecón habanero, contra el choteo criollo. Padrón libera la figuración en este filme, concibiendo personajes grotescos, de línea nerviosa, quizás en lejano guiño a las historietas de *Dick Tracy* o *The Spirit*, o a los más contemporáneos grafistas Fontanarrosa, Helio Flores, Gilbert Shelton y Robert Crumb.

La educación histórica y la propaganda nacionalista se diluyen entonces como objetivos primarios de esta obra de altas dosis de

---

21 Ya para entonces había realizado animados de corte didáctico como Horologium, que quiere decir reloj, La silla y Velocipedia, todos de 1974; Aerodinámica, de 1975; y humorísticos como los Filminutos 1, 2 (1980) y 3 (1981)

ucronía, dedicada al público adulto, en una suerte de autorrebelión de Padrón contra los más correctos precedentes, suerte de expresión más sincera de sus concepciones creativas, que rehuían el audiovisual. Emplea a fondo su *dáimôn* burlesco, desacralizando a troche y moche todo ícono cultural, político, social que se atraviesa en su camino. El filme deviene pieza significativa, no solo para la animación nacional, sino para la sátira mundial al estilo Monty Python-Brooks-Zucker, emulando parodias vampíricas previas y posteriores como *The Fearless Vampire Killers* (Roman Polanski, 1967) y *Dracula: Dead and Loving It* (Mel Brooks, 1995).

Aunque los personajes negativos permanecen como entes ridículos y torpones, el propio Pepito, trompetista y luchador clandestino, sobrino aplatanado del mismísimo Drácula, se aleja de la heroicidad más convencional de *Elpidio Valdés, Celedonio, N´vula,* y los soldaditos de pasta, para personificar un joven tarambana que parece jugar al antimachadismo, sin tomárselo muy en serio, como tampoco hace mucho caso a los reclamos del tío para que continúe la tradición familiar de chupar sangre. Promiscuo, pícaro, un tanto frívolo, el protagonista se alza como demoledora antítesis del héroe nacionalista.

La secuela de esta pieza, estrenada en 2003 bajo el título *¡Más vampiros en La Habana!*, no consigue equipararse con la cinta original. El empleo de técnicas de animación digitales "enfrían" y entorpecen la fluidez de los caracteres, lograda anteriormente mediante métodos analógicos convencionales. El guión se densifica por el exceso de referencialidades epocales: aparecen Hitler, Stalin, Hemingway y Batista, y son muy respetadas las circunstancias de la Segunda Guerra Mundial y de la Cuba de entonces. El exceso de contextualización histórica lastra la libertad creativa a la hora de concebir el escenario ucrónico, limitado por cotas demasiado apretadas de "responsabilidad (y hasta realidad) histórica", las cuales deploraron olímpicamente Alan Moore con su historieta *Watchmen* (llevada al cine en 2009 por Zack Snyder) y Tarantino con su *Inglorius Basterds* (2009). Regido es todo por *leitmotiv* un tanto manido y falto de originalidad: el *Vampiyaba*, fase superior del *Vampisol*.

Pepito ya es un hombre asentado, propietario de bar, padre de familia. Con una familia que defender y otras responsabilidades, pierde el gracejo original, la cubanía cachorra que lo matizó en la primera cinta, terminando como ente musculoso gracias al Vampiyaba, que intercambia muy "serios" trompones con villanos igualmente anabolizados. Una vez más, el principal atractivo de las producciones de Juan Padrón, el agudo humor libre de cualquier pacatería que impida mofarse del héroe histórico, y por ende hacerlo asequible a los grandes públicos, sucumbió a la "dignificación" de éste, *ergo,* la simplificación y el desvanecimiento.

A MODO DE BREVE CONCLUSIÓN...

Los personajes concebidos por Juan Padrón para los audiovisuales de tema histórico, siempre parecen quedar en desventaja respecto a sus obras gráficas o animadas para adultos, como los *Filminutos* que dirigió, coartado el alto Ph de su humor por las características propias de los materiales dedicados a públicos infantiles, excepto *¡Vampiros...,* donde el redireccionamiento hacia espectadores adultos permitió desplegar a fondo su acidez satírica, pletórica de retruécanos referenciales y ágiles *gags.*

A su vez, tales aptitudes humorísticas han permitido dotar a estas entidades patrióticas de un atractivo sin precedentes ni émulos en el audiovisual animado cubano de cine y TV, donde abundan caracteres de esta guisa (*El Negrito Cimarrón, Cecilín & Coti, Chuncha*), que aunque volatinan sobre la misma cuerda floja, cernida sobre el patriotismo y la comedia, sin conseguir un nicho lo suficientemente hondo en el imaginario colectivo, donde Elpidio y los Vampiros han dejado contundente rúbrica.

El desprejuicio, el desenfado y la valentía de Juan Padrón, han conseguido salvar al mambí, al taíno, los pioneritos antimachadistas, los soldaditos valientes y el angolanito, de la mediocridad propagandística que sólo consigue el ninguneo como reconocimiento, cuando se articula desde falsas deificaciones e idealizaciones *kitsch,* signadas por el temor a "faltar el respeto", torpe justificante de quienes no alcanzan las necesarias cotas de talento, como para salir airosos del homenaje risueño al patriotismo, y del homenaje patriótico a la risa.

LAS RENCARNACIONES DE UN BURÓCRATA

¡Mal va un pueblo de gente oficinista!

JOSÉ JULIÁN MARTÍ Y PÉREZ (La futura esclavitud)

"[...] como los funcionarios son seres humanos, y por tanto abusadores, soberbios y ambiciosos, [...] este sistema de distribución oficial del trabajo común llegaría a sufrir en poco tiempo de los quebrantos, violencias, hurtos y tergiversaciones que el espíritu de individualidad, la autoridad y osadía del genio, y las astucias del vicio originan pronta y fatalmente en toda organización humana. '«De mala humanidad -dice Spencer- no pueden hacerse buenas instituciones»." Así reza uno de los textos más malditos y por ende más popularmente *underground* de José Martí, titulado *La futura esclavitud*. Recuerdo haberlo leído en la adolescencia, hirviente de adrenalina por estar cometiendo uno de los primeros pecadillos secretos contra el dictado del *stablishment*. ¡Martí escribiendo contra el Socialismo!, se susurraba al respecto.

Mas, pasado el entusiasmo inicial, un primer repaso indicaba que se trataba más bien de Martí dialogando críticamente con el positivista inglés Herbert Spencer y sus virulentas advertencias sobre el Socialismo. Ahora, luego de apostillarlo severamente, el intelectual cubano parece coincidir con una consecuencia específica del entonces emergente sistema: el empoderamiento de una "casta" de sujetos que "ligados por la necesidad de mantenerse en una ocupación privilegiada y pingüe" adquiriría "la influencia enorme que naturalmente viene a los que distribuyen algún derecho o beneficio", en un contexto de hegemonía estatal de las "necesidades públicas". "El funcionarismo autocrático abusará de la plebe cansada y trabajadora", termina sentenciando.

En 1966, el estado agónico y enloquecido del proletario Juanchín hacia las postrimerías de la cinta cubana *La muerte de un burócrata*

(Tomás Gutiérrez Alea), suscribe línea por línea las aseveraciones martianas y spencerianas. Apenas un lustro (aproximadamente) después de haberse declarado al socialismo como rumbo político de nuestra nación, ya un cineasta como Titón desarrollaba un maduro y agrio análisis sobre la proliferación incontrolada de la "casta de funcionarios" esparcidos por todo el territorio como engranajes sobreabundantes de la maquinaria administrativa absoluta del Estado hegemónico.

Aun en medio del hervor y el agitado entusiasmo de la Cuba sesentera, el director de *Historias de la Revolución* (1959) se deslinda con esta nueva propuesta de la rememoración apologética de las gestas civiles recientes o de la crítica al régimen derrocado, y decide deconstruir, diseccionar, su presente, cuya sedimentación sociopolítica y económica (cultural, en el amplio sentido de la noción) implicó toda una esfera de interacciones-contradicciones-colisiones que complejizaron la mera —cada vez más lejana— brega unánime por un metaobjetivo nacional como fue la deposición de Fulgencio Batista. Un año antes, la fundación del Partido Comunista de Cuba había llevado a la fusión monolítica de todas las organizaciones revolucionarias unidas por este meta-objetivo libertario, todos los periódicos habían adquirido el *status* de órganos oficiales de este partido, y las UMAP nutrían sus albergues de «inadaptados sociales»: religiosos, homosexuales y delincuentes. Sobra abundar más sobre este contexto.

Consecuente con los roles adjudicados al "intelectual revolucionario" de construir la nueva sociedad desde una actitud crítica, que rectificara acertadamente posibles deslices en el camino hacia el Socialismo, y sobre todo —creo— por su personal espíritu inquisitivo, Titón considera más útil diseccionar su presente que dedicarse al vehemente *agit-prop* (aun sincero) de muchos de sus colegas.

En semejante cuerda de su previa *Las doce sillas* (1962), escoge la comedia negra, absurda, satírica, de equívocos, y con inefables secuencias de homenaje al *slapstick* de Mack Sennet —incluidos sus inmortales Keystone Kops—, para desmembrar a gusto las ya arbóreas problemáticas que la casta burocrática generaba, y aun genera, en todas las esferas institucionalizadas del país. Aparejado a esto se denuncia la alienación del propio discurso político de ardiente liberalismo en consignas vacías, enlatadas en una propaganda gráfica producida en fría serialidad fordista. El símbolo sustituye aquí a la mercancía, pero remonta un sendero inverso al producto capitalista endiosado como clave vital del éxito y la realización personal: el símbolo se aliena, se despoja de toda connotación, de toda sacralidad. La máquina del fallecido tío de Juanchín escupe réplicas huecas de Martí que bajo el peso de la nada sepultan al Apóstol.

Desde esta fundacional obra, la figura del burócrata, y la burocracia por extensión, se entronizan de lleno —o recupera un espacio legado por el decimonónico *Mi tío el empleado*, de Meza— en las pantallas cubanas como probablemente el icono costumbrista más famoso y apelado del cine nacional de la segunda mitad del XX. Colimado como principal dechado de fallas y antagonista de muchos héroes proletarios y no tanto, es una constante perdurable que trasciende las épocas; un fantoche que (no poco convenientemente) ha atraído sobre sí casi todos los ataques y disecciones de los realizadores «críticos», que casi nunca lo han asumido como efecto de causas más complejas y profundas, sino como el parásito sistémico a identificar y eliminar. Aunque para entendederas más avisadas sea nítido símbolo del estatismo desapasionado en que termina atrofiándose un proceso dinámico.

Así, *La muerte...* ha resultado una de las cintas más influyentes en la fílmica cubana, pues, además de consolidar al burócrata como personaje y concepto, ocasionó quizás que la comedia, como género, se entronase en el cine generado desde el ICAIC, como principal (y permitido) método y tono para emprender la crítica de diversas aristas de la realidad...siempre pendulando en un espectro reformista-costumbrista. Cineastas un tanto posteriores a Titón como Juan Carlos Tabío, Daniel Díaz Torres, Enrique Colina y Gerardo Chijona, durante los setenta y sobre todo en los ochenta y noventa, se adscribieron casi a ultranza a esta perspectiva; con las correspondientes variaciones epocales. Con el Séptimo Arte, se continuó en Cuba la tradición establecida desde siglos y épocas anteriores por el sainete independentista del Teatro Villanueva, zonas del bufo del Alhambra, las caricaturas de Torriente en *La política cómica*, el Bobo y el Loco: la humorada como regulada zona de tolerancia del criterio disensor, catarsis colectiva, descompresión social, y discreta resiliencia popular a las adversidades, mediante el exorcismo que implica caricaturizar, parodiar, satirizar (para soportar) algo temible por inmenso e inevitable.

El burocratismo según Tabío

Juan Carlos Tabío ha sido quizás el realizador cubano que más ha criticado al burocratismo y empleado al burócrata como personaje antagónico en sus obras de ficción post-Quinquenio Gris.

Sin sustraerse al referido *mainstream* formal(ista) legitimador de la comedia costumbrista de gran aceptación entre los públicos por la suave crítica a males sociales, su primera incursión en el largometraje: *Se permuta* (1983), además de entregar una de las interpretaciones más atípicas y memorables de Rosa Fornés, resulta sobre todo una alegoría socialista, casi fábula, de la búsqueda egoísta de la felicidad material e individual, pues la acción de permutar deviene en el filme símbolo de tal actitud "herética" en medio de una sociedad enfocada a lo colectivo. Urde el director una suerte de marcusiano abordaje del conflicto generacional-epocal cubano, representando los jóvenes (Isabel Santos y el aún lozano Mario Balmaseda) ese Hombre Nuevo que encontraba la felicidad en construir el proyecto socialista, cuyas imprecisiones, como el propio personaje de la Fornés y el burócrata "vivebien" Guillermito, encarnado por un caricaturesco Ramoncito Veloz, podían ser rectificadas y relegadas a un pasado que iba feneciendo, sin afectarse el cuadro general.

Sin abandonar el tono jocoso, ya con maduros aires de acre sátira, *Plaff o Demasiado miedo a la vida* (1988) viene a dialogar más orgánicamente con *La muerte...* en tanto la complejización simbólica del burócrata que deja de ser un personaje individual, algo casuístico, sino que resuelta de nuevo un fenómeno, un factor ubicuo, una fuerza social. El Contreras pluralmente interpretado por Jorge Cao se equipara un tanto con los «hombres de negro» que Titón riega en sus kafkianas y laberínticas oficinas.

Tabío se explaya a voluntad, en un ingenioso rejuego perceptual que enfatiza (casi a la manera de la teoría de la conspiración) frecuentemente la condición de constructo fílmico de *Plaff...*, su carácter de puesta en escena, de artificio creativo, de microcosmos a merced de una voluntad manipuladora, abstracta, poderosa.

La cinta es pura urdimbre tras la cual operan misteriosas fuerzas, mitificado el director en un *status* de demiurgo-*trickster* que no deja de manipular, embromar y someter a voluntad a sus personajes con propósitos inescrutables. La aparición del omnipresente Contreras (un más afortunado y farsesco Jorge Cao en el rol de las sempiternas fuerzas conservadoras y reaccionarias que sabotean las iniciativas progresistas) como director de la película: Juan Carlos Contreras, en el plano de ruptura donde, bajo el pretexto de una escena ausente, no filmada por la premura triunfalista del rodaje en saludo del Día del Cineasta, alerta ¡y hasta alarma! acerca de la verdadera naturaleza no progresista del poder tras las cámaras, tras la realidad que estas presentan a los públicos. Contreras es omnipresente multiplicación de las fuerzas conservadoras en innumerables sujetos, cual hidra infinita en constante regeneración: el anónimo "presionador" que desata el caos en la novela *Presiones y diamantes*, de Virgilio Piñera.

Ya en la hervorosa década de los noventa, el burócrata de Tabío experimenta una curiosa transfiguración en la imprescindible —e infravalorada— *El elefante y la bicicleta* (1994). Concebido de una manera más sutil, aquí el burócrata se transfigura en el señor Prudencio, asumido por Adolfo Llauradó ya no como un ser tremebundo, un agente del mal o el mal mismo —cometido desplazado al omnisciente y hasta cierta manera equívoco villano Don Francisco Gavilán (Raúl Pomares)— sino como una figura llanamente conservadora y hasta cierto y sospechoso punto, orwellianamente anarquista.

Prudencio pervive aferrado a un esquema invariable, al margen (¿marginado?) de los cambios que se operan en el relato, pero es omnipresente hasta el mismo final, como discreto pero finalmente palmario memento de las fuerzas atávicas que nunca varían, colaterales y más sólidas que la utopía gestada en la imaginaria isla de La Fe. Prudencio siempre ve igual la película, percibida por el resto de los vecinos en plena y efervescente metamorfosis, como guía férrea hacia un futuro luminoso. Este dinamismo termina carenando en las costas del estatismo donde espera Prudencio, donde espera el conservadurismo como meta definitiva de todo proceso.

Tras estas cumbres representacionales y simbólicas, el burócrata de Tabío retorna a roles más secundarios y caricaturescos, reducido a un personajillo entrañable y apenas peligroso. En *Guantamera* (1995, co-dirigida con Gutiérrez Alea), al funcionario de funerarias interpretado por Carlos Cruz es un dinosaurio se le provoca una muerte simbólica como signo de una época pretérita. Aunque el farsesco Cristóbal (Jorge Alí) de *Lista de espera* (2000), como aún tiene algo que significar dentro de esta nueva metáfora de la construcción de la utopía —ya reducida a un mero sueño colectivo, una bella alucinación de náufragos sin rumbo. Empeñado en revertir todas las "violaciones a las orientaciones" que suceden en la soñada e insular terminal, Cristóbal, como Prudencio, también avanza paralelo a las transformaciones emprendidas. Cuando finalmente se disuelve la ilusión colectiva, retorna con un puñado de homólogos que reprenden al administrador Fernández (Noel García) por desobedecer los rígidos estamentos, garantes de que todo siga igual.

De la orgía burocrática al burócrata subdesarrollado sin memorias

A inicios de los noventa, una nueva generación de realizadores, de cubanos, dialogaba y se apropiaba del burócrata desde una perspectiva mucho más anárquica, iconoclasta y surrealista que Tabío y sus obras.

Los cortometrajes *Oscuros rinocerontes enjaulados (muy a la moda)* (Juan Carlos Cremata, 1990) y *Talco para lo negro* (Arturo Sotto, 1992), respectivas tesis de graduación de la Escuela Internacional de Cine y Televisión de San Antonio de los Baños (EICTV) de sus creadores, articulan una suerte de díptico discursivo y conceptual, cuyo eje común viene a constituirlo de nuevo la figura del burócrata cubano retrógrado, enquistado, inerte. Asumido ya como suerte de antimateria residual segregada por las dinámicas sociopolíticas nacionales convergentes en estas aciagas postrimerías del XX.

Cremata urde en blanco y negro un relato verdaderamente orgiástico y extrovertido, cuyo claro basamento referencial y epocal es *La muerte...* con toda su propia concepción paródica y absurda. El futuro director de *Nada* (2001) dobla con creces la apuesta y coce un vórtice grotesco donde saca a la luz todos los dobleces posibles que "el espíritu de individualidad, la autoridad y osadía del genio, y las astucias del vicio" puede revelar un burócrata como su González.

El mundo administrativo, atiborrado de oficinistas de negros trajes y gafas y secretarias vulgarmente sexis, termina explotando en una de las escenas, en una bacanal catártica, en una revelación simbólica de todo lo que subyace tras las aparentemente sobrias estructuras de dirección y organización. Es como si la quebradura final de Juanchín fructificara finalmente en sus causantes cual vengativa justicia poética, y estos se rindieran a la vacuidad ridícula de sus rutinas.

Además de la comedia silente y Kafka, Cremata bebe también del agrio absurdo de Virgilio Piñera, de Norman McLaren —a quien dedica confesamente la obra—, y quizás referencia o coincide con su contemporáneo canadiense Guy Maddin, quien por estas épocas comenzaba a estructurar su singular estilo visual anclado en el cine de las primeras épocas.

El burócrata de Cremata, como máximo símbolo de la decadencia de una superestructura en pura crisis por agotamiento, deviene confirmación de las profecías malditas de Titón. Todo cae en pedazos a su alrededor, y él solo sigue royendo un poco más el tuétano nacional, pues solo sabe hacer eso, como todo parásito que se respete. De ser un símbolo de un poder conservador entronizado y multiplicado en millares de anónimos agentes —¿el Smith de La Matriz no pudiera ser su correspondiente para el capitalismo?—, ahora resulta heraldo de la erosión definitiva, del fin que viene ataviado de sinsentido. Solo queda el bromazo nihilista, la socarronería apocalíptica.

Talco..., además de concomitar con *La muerte...*, y con su inmediato precedente de Cremata, termina singularizándose de este segundo dado que expande el diálogo con Titón hasta la infinita *Memorias del subdesarrollo* (1967). En su entramado propio, igualmente partidario del absurdo y lo surreal —quizás los lenguajes más acordes con el contexto imperante entonces— termina suscitándose una brusca y decisiva reversión de roles entrambos protagonistas de las respectivas cintas. El Alexander (Luis Alberto García-padre) de Sotto, funcionario ejecutivo de x entidad oficial, sustituye al antológico burgués Sergio (Sergio Corrieri) de *Memorias...* en la descolocación e inadaptación respecto al "nuevo" orden de cosas que lo embarga. La crisis revolucionaria de los sesenta es a su vez sustituida por la crisis de paradigmas y de fe de los noventa.

No es que las diferencias contextuales sean excesivas entre 1968 y 1993 —ambos directores filman una Cuba rutinaria, trillada, autómata—, sino que la "casta" de Alexander remonta un callejón sin salidas posibles, donde la duda ya no puede ser más obliterada a fuerza de extrañamiento y desidia; acomodado como está (atrincherado en su extrañamiento) tras chistes "rojos" y banquetes opíparos con los camaradas del CAME, cuyos días también estaban contados. Tales circunstancias delatan la escena de la "última cena", donde la mendacidad explota en cada broma y cada risa, como acto de desesperada resistencia. Aquí ocurre otro diálogo orgánico con Gutiérrez Alea, a cuya cinta homónima de 1976 se equipara la atmósfera de doblez y farsa decadentistas. Aunque en *Talco...* el protagonista resulta víctima de las circunstancias que lo engendraron, ya congénitamente mutilado de la facultad de adaptación dialéctica a una mutación contextual —al fin y al cabo inevitable por más que se aspirara tozudamente a la perennidad.

Alexander no entiende, no comprende. No porque lo desee, sino porque es una criatura desechable, forjada a posta de mala hojalata, sin la pronta fecha de caducidad impresa en alguna parte, como es rigor.

Aun así, presa del más básico instinto de supervivencia, el burócrata de Sotto intenta dilucidar qué yace más allá de los hilos; qué y quién lo puso en medio de tal desbarajuste. Pero es incapaz de evocar, de hilvanar conscientemente la historia gloriosa que lo llevó al instante diegético. Alexander solo consigue colisionar con la historia reciente. Las remembranzas parecen bombardearlo, asaetearlo como calambres, como capirotazos dados en la oscuridad por un contrincante desconocido y más temible.

Alexander está atrapado en un limbo enmarcado claramente entre dos épocas intensas e imperiosas, que se derrumban sobre él sin que este *homo burocraticus* apenas entienda qué rayos le sucede, atrapado entre tanto sonido y furia incomprensibles. Casi sobra mencionar su incapacidad para desarrollar aunque sea un pensamiento ontológico rudimentario, un amago de perspectiva trascendente. ¿Quién soy? ¿Qué sucede? ¿De dónde vengo? Son interrogantes muy lejanas y en extremo ajenas a su natural acrítico, a su funcional alienación.

La espada de Titón pende aun amenazante

El triunfo de la realidad sobre el surrealismo (¿o será el entronamiento definitivo de este segundo?) a veces se confirma de manera tan definitiva como puede ser la cristalización de la profética imagen de la máquina de hacer bustos del occiso tío Paco con que inicia

La muerte..., concebida por Gutiérrez Alea como lo más absurdo que su sardónica imaginería pudo elucidar entonces. Y el documental *Héroe de culto* (Ernesto Sánchez, 2015) la revela, no tan aparatosa pero igualmente "mecánica" y eficiente en su tarea de anular al héroe a fuerza de tautológicas clonaciones plásticas.

El burócrata parece haber perdido fuerza simbólica aunque subsista a través de las décadas a sus deconstructores, aunque se trasvista de "gerente" en producciones más recientes como *Molinos de viento* (Tabío, 2005) y *Retorno a Ítaca* (Laurent Cantet, 2014), en ambas ocasiones interpretado por Jorge Perugorría. Pero *La muerte...* sigue inmortalizándose a través de otros de sus signos, en este caso la referida máquina, a la larga un engendro monstruoso de la "casta" funcionarial.

Grande ironía entre las grandes es que precisamente quien emitió un apotegma tal como "la patria es ara, no pedestal", sea constantemente representado sobre pedestales, demarcándose un distanciamiento obligatorio, un redil de rancia sacralidad. Un velo de extrañamiento y a larga de invisibilidad. Su cabeza decapitada, fosca y recluida en tantos y tantos rincones, como alguna vez describió su alma, se diluye en la prosaica rutina cotidiana, donde la percepción descarta todo lo que no contribuye al objetivo coyuntural. Y se diluye literalmente, se descascara, erosiona, cuartea, raja, quiebra, y finalmente termina abandonando tras de sí un altar obscenamente abstracto, un pilar desnudo de sentidos que sostener o enaltecer.

No mucho más sentido tiene la efigie que reproduce frívolamente rasgos físicos, apenas correlacionables con ideas, actitudes, aptitudes, principios, preclaridad. La piedra, el hormigón y el yeso baratos han dado paso al ligero plástico, vacuo hasta la más insoportable levedad de los bustos de José Martí que Sánchez muestra y sobre los que ensaya. Vacío y reiteración, omnipresencia hueca de pompas jabonosas, delatan los planos iniciales donde decenas de cajas con tales bustos son aglomeradas en transportes hasta destinos urbanos o rurales inciertos, aunque el final común será la indiferencia, el olvido y la disolución.

El realizador aborda la historia de los homenajes y mementos oficiales realizados a José Martí en La Habana, desde inicios del siglo XX hasta el presente, de cariz urbanístico y monumentario. Sucesos históricos que repercuten en un presente aun no historiado —solo parecen merecerlo las cosas muertas—, pero claramente registrado y yuxtapuesto mediante un montaje paralelo que alterna dos líneas narrativas. Una primera desarrolla la progresión "respetuosamente" cronológica de acontecimientos; una segunda registra más minimal y naturalistamente el proceso rudimentariamente fordista de reproducción de bustos plásticos, desde una narrativa en reversa que revela las diferentes etapas de elaboración. El autor arriba, de manera inductiva, al génesis de tal rutina.

La indiferencia de los operarios que componen los bustos contrasta con la tercera línea argumental imbricada: el enjambre de bustos de Martí que sobrepueblan la ciudad, incorporados a los contextos diversos como una grieta más del suelo o la pared ante la indiferencia colectiva de los cubanos que siguen sus rutinas de supervivencia sin reparar en ellos. Un tanto igual para los bustos impresos en billetes y monedas de ínfimo valor.

A través de este "registro" inofensivo que corrobora alucinantemente las más dolorosas profecías de Titón, se revela un proceso de disolución de las ideas en la forma, que conlleva al holocausto del pensamiento orgánico en el "ara" del formalismo. Y como a su vez esta "mera formalidad" que resulta la replicación *ad infinitum* de efigies ligeramente martianas, va reformulándose semióticamente.

Termina delatando con sus rígidas piedras y sus hueras burbujas de plástico, la dogmatización y posterior evaporación —a fuerza de reiteración y descontextualización— de las ideas propugnadas por Martí. Es más fácil esculpir o garabatear una cara que asumir principios y modos, aunque el gran pretexto sea "recordar", "tener (omni)presente" al Héroe Nacional con este culto idolátrico apenas vivo.

Advertido observador de su contexto y razonador dialogante con sus precedentes ilustres, Sánchez polemiza dolorosamente sobre el héroe y su sistema (oficial) homologado de representación en serie, que ha caído en una suerte de coma semiótico. Y hasta en la total invisibilización de lo que se supone sea un recordatorio, un epicentro de adoración y respeto.

DE DISTOPÍAS BUROCRÁTICAS Y ESTATUAS DE OVEJAS BLANCAS

Aun la historia de la celebérrima fábula *La oveja negra*, de Augusto Monterroso, con todo y el acíbar distópico que rezuma cada una de sus breves y punzantes letras, contiene un ápice de anárquica provocación. Pues tiene como protagonista un ente diferente y divergente del *status quo* en su mundo de mayorías de ovejas blancas. Su mera existencia de rumiante negro determina una discordancia insoportable para sus congéneres, que lo hacen purgar su pecado genético con la muerte, y lo reivindican con el sucesivo homenaje estatuario, cual segura expiación histórica.

El cortometraje *Gloria eterna* (Yimit Ramírez, 2017), uno de los más recientes exponentes audiovisuales de relato distópico "hecho en Cuba", ni siquiera tiene una oveja negra disonante. Nada hay de un curioso D-503 como en la mítica novela *Nosotros* (Yevgueni Zamiatin), ni de los inadaptados Bernard Marx y John el Salvaje de *Un mundo feliz* (Aldous Huxley), ni el cuestionador Winston Smith de *1984* (George Orwell), o el levantisco pandillero Alex de *La naranja mecánica* (Anthony Burguess), ni la imaginativa Offred de *El cuento de la criada* (Margaret Atwood), o el terrorista libertario V de *V de Vendetta* (Alan Moore).

El protagonista de marras, aunque su nombre de Julián LVII (interpretado por el siempre efectivo Mario Guerra) remite ligeramente al "héroe" numerado de Huxley, es un apacible y dócil oficinista que se pliega a todas las ordenanzas mecanizadas del sistema burocrático donde vive, en pos de asegurar un mínimo bienestar para su familia. Y a costa de su propia vida (*spoiler alert!*), inmolada en una suerte de magna —a la vez que rutinaria y vacua, como resulta todo en un mundo de burós y trámites— ceremonia sacrificial, honorífica, donde se alcanza la "inmortalidad" invisible de las estatuas. Donde el ser humano se transmuta en un símbolo vacuo y alienado a priori...como resulta todo en un mundo de burós y trámites, de formalismos y fórmulas tautológicas. Apenas un remordimiento por el futuro imposible perturba la resignación fatalista de Julián.

Heredera inevitable de la icónica y profética *La muerte de un burócrata* (Tomás Gutiérrez Alea, 1966), en el universo de *Gloria eterna* tampoco existe un Juanchín disconforme y enloquecido por los desmanes insensibles de los casi surrealistas burócratas. El protagonista de Yimit es uno de estos seres parapetados en un buró, e incrustados en una oscura oficina de ambigua epocalidad, con ciertos aires de los años ochenta cubanos. No hay resistencia. Todo es pura adscripción.

Como toda distopía que se respete, *Gloria...* va del estatismo. De la expansión *ad infinitum* de un estado de cosas invariable. De la conservación a ultranza de esta situación. De la sacralización de los esquemas en detrimento de sus sentidos. Y de la degradación inevitable que la inmovilidad antidialéctica provoca en los seres humanos. Esto último es algo que tiene sin cuidado a los exclusivos y excluyentes detentadores del poder, presentidos como fuerzas abstractas apenas esbozadas por los angulosos perfiles de las estatuas omnipresentes.

Aunque la referencia al *Big Brother* de Orwell también es inevitable, en el mundo urdido por Yimit Ramírez se aprecia una curiosa multiplicación del simbolismo de la dominación en cada uno de los "gloriosos eternizados". En los diferentes escenarios se ven bustos rotulados como Ernesto XVI y Antonio XXI, prefigurados bajo la misma y esquemática efigie. Ocurre al través un segundo proceso de disolución de la identidad individual de estas personas pasadas, en la única y prestablecida faz: eterna como la gloria que justifica su excelsitud.

No existe un Henry Ford al que adorar (*Un mundo feliz*), un fascistoide Adam Sutler (*V de Vendetta*) o un magnate salvador Wilford (*Rompenieves*, novela gráfica de Jacques Lob, Benjamin Legrand y Jean-Marc Rochette). Julian LVII vive en una suerte de desesperanzado estado de conformismo abstracto, de *perpetuum mobile* social. Esta huele a distopía funcional y por ende más terrible.

Acorde la anécdota, este cortometraje se centra en el sacrificio del individuo dinámico (como es ineluctablemente inherente a su naturaleza) a los pies del altar del símbolo inamovible, invariable, absoluto merecedor de todos los honores y oblaciones. Tal concepción la refuerza la existencia de una "doble moneda" en este contexto, lo cual subraya en *Gloria*... la crítica sociopolítica directa (y necesaria) a la Cuba contemporánea. Pues la cuidadosa concepción gráfica de este papel moneda en todas sus denominaciones —Yimit cuenta con una formación de diseñador— remite directamente a los billetes actuales cubanos.

Los "billetes estatua" (diseñados como el CUC), en sus varias denominaciones, son evidentemente mucho más valiosos que los billetes cuya unidad es el "hombre" (cuyo aspecto es reconociblemente semejante al Peso cubano). *Ergo* la estatua es más importante que el hombre. El Poder sobre el individuo. El Estado sobre el libre albedrío. No hay que razonar demasiado para arribar a estas conclusiones.

Dado su carácter de ejercicio académico de la Escuela Internacional de Cine y Televisión donde cursa la especialidad de Dirección de Ficción, Yimit Ramírez estructura con *Gloria*... una narrativa correcta (y efectiva) que contrasta con casi toda su obra previa, distinguida por su carácter marcadamente experimental —como los cortos *The Beauty or the Beast (Las aventuras de Embarrito)*, *Windows XY*, *Reflexiones*, *Koala*, y el largometraje *QHUP* (en proceso de posproducción)—, pero sin abandonar el tono satírico, ni mermar su capacidad imaginativa; pero más concentrada en la urdimbre contextual que en los aspectos formales y del relato. *Gloria*... no conmueve por lo retador de su estructura dramatúrgica, sino por los terrores subyacentes bajo su normalidad diegética, por su amenazante sensación de posibilidad, lo cual termina dotándola dota de una fuerza simbólica lúcida y no menos que inquietante.

La puesta en escena es tan decorosa como discreta. Con un rol crucial de la iluminación en cuestiones de estructurar las opresivas atmósferas (interiores y exteriores) en las que discurren los personajes. Los efectos visuales buscan integrarse armoniosamente a las escenografías, aunque en momentos cumbre tiende a delatarse un tanto el artificio.

Los efectos sonoros (a cargo de Vitor Coroa) juegan otro papel crucial en *Gloria...*, con la voz del propio director como materia prima empleada para urdir la "Voz" mecánica de la autoridad: Yimit la propone como un compuesto chapucero e impersonal de retazos de frases sueltas que se asocian acorde las necesidades discursivas de cada instante.

Esta voz es otro factor más del enrarecimiento y la invisibilización de la fantasmal autoridad que late como una omnipresencia gaseosa en tal mundo distópico. Es un discurso tan prestablecido y maquinal como todas las existencias a las que se dirige. Julián LVII existe en un estado de Pax más aterradora que la romana; y sucumbe en cuerpo y alma a un Moloch omnipresente, más devastador por lo ubicuo y embozado, que los de *Cabiria* (Giovanni Pastrone, 1914), *Metrópolis* (Fritz Lang, 1927) y *Howl* (Rob Epstein y Jeffrey Friedman, 2010).

La mirada de Sergio. Apuntes sobre la imagen Cuba generada por la documentalística independiente

El diálogo que cada individuo establece con su realidad nacional está condicionado por disímiles singularidades socioculturales y psicológicas que lo determinan como sujeto excepcional. El tamiz con que cada persona criba las circunstancias que lo envuelven, cuenta con una regulación única. Aunque no se está exento de la influencia de los criterios, perspectivas e influencias compartidas con los coetáneos. Por lo que las perspectivas individuales son también el resultado de la contradicción y la polémica directa con sistemas contemporáneos o históricos de representación y pensamiento.

Así, por mucho que los postulados ideotemáticos primarios de un ser humano (generador de sentidos) tiendan a concepciones divergentes respecto a cualquier intención manifiesta de "hablar" o "representar" a la nación, cada obra audiovisual generada en Cuba — ya sea por creadores nativos o extranjeros; ya sobre temas explícita-conscientemente "cubanos" o no— no deja de urdir su entramado conceptual y estético sobre un contexto nacional, cuya presencia e influencia son inevitablemente discernibles en los resultados finales, amén incluso de cuán íntimos y autorreferenciales puedan ser.

Al final, ¿qué son a la larga los monólogos interiores de los zhivaguianos, descolocados e intelectuales Sergios, protagonistas rotundos del imprescindible díptico *Memorias del subdesarrollo* (Tomás Gutiérrez Alea, 1968)-*Memorias del desarrollo* (Miguel Coyula, 2010), sino una meticulosa deconstrucción de un entramado histórico, social y político cubano, desde la legitimación a ultranza de la lúcida individualidad y la hondura reflexiva? Lo mismo puede decirse de cintas como *La mirada de Ulises* (Theo Angelopoulos, 1995), que validan la perspectiva personal, no exenta de elucubraciones poéticas, ensoñaciones y juegos (entrampes) mentales, para finalmente emprender una cartografía sincera —por evitar toda soberbia objetivista— de un contexto. El punto de inicio, la rosa de los vientos más segura para orientarse en la creación, pues viene a resultar el tácito reconocimiento de lo inabarcable que siempre será la metarrealidad para la perceptiva humana; y la que pudiera llamarse entonces: "fatalidad subjetiva".

El individuo siente una fuerte compulsión a dialogar con su época y, en mayor o menor medida, con todas las esferas históricas (pretéritas) que rotan alrededor del circunstancial eje del presente. El cubano, que no podrá por ahora, y por un buen tiempo, deslindarse de su humanidad y de su condición histórica, también cuenta en primer lugar, para estructurar y aplicar su sistema paradigmático con la realidad que lo contiene, con los elementos de esta que más inmediatamente lo afectan.

En cuestiones audiovisuales —no sobra decirlo nunca: cada vez resultan más y más expeditas las vías de acceso a los recursos tecnológicos para urdir obras, en una espiral incontenible— este diálogo viene consistiendo en extraer segmentos de sucesos y circunstancias; para luego deconstruirlos y regurgitarlos, expectorarlos, hacia el contexto externo del cual fue extraída la materia "virgen". Y una parte de los cubanos, como seres humanos, son ineluctablemente insaciables en su diálogo con su contexto.

DE JUVENTUDES Y SEXUALIDADES

A la hora de discursar acerca de las imágenes que los realizadores nativos jóvenes e independientes filman en Cuba y construyen sobre Cuba, vale refrendar (una vez más) que han sido y están determinadas en una buena medida por la alternatividad temática y representacional respecto a los estándares semióticos propugnados por el audiovisual generado institucionalmente: dígase los cánones discursivos de la televisión y su prensa. La problematización no políticamente oposicionista de disímiles conflictos, dinámicas, fenómenos y campos socioeconómicos ha ocupado y ocupa, primigenios lugares en esta agenda pluralmente alterna; que ha venido a consolidarse sobre todo desde las postrimerías del siglo XX.

Así, el campo "independiente" de la creación audiovisual cubana contemporánea, propone un Imago Cuba tan problemática como plural, bien a resguardo de cualquier utópico triunfalismo, y sobre todo de cualquier monocorde sistema de representación.

Ya desde los tempranos inicios de la década de 1990, en los albores de lo que Juan Antonio García Borrero ha llamado "Edad de la herejía", los jóvenes realizadores de entonces indagaban "callejones" oscuros, como los grupos de jóvenes inadaptados o "frikis", quienes vivían, además, en las calles (*Un pedazo de mí,* dirigido por Jorge Luis Sánchez en 1990), expulsados o (auto)marginados del contexto social y familiar, por divergencias irreconciliables con el contexto que los engendró. Tal cartografía, reveladora de matices cada vez más bizarros, más específicos, deconstructivos de los mil y un estratos de la juventud cubana como campo altísimamente complejo de colisiones, divergencias, tendencias y conductas, ha seguido ampliándose con obras como los casi simultáneos *ConversEmos* (Christian E. Torres y Hansel Leyva, 2008) y *Close Up* (Damián Saínz, Roger Herrera, Ernesto E. Rodríguez, Daphne Guisado, José Antonio Michelena, 2008), sendas aproximaciones a la proliferación entonces de tribus urbanas en La Habana con preeminencia de los "emos", suerte de sustitutos de los originales "frikis", de quienes hasta encuentran gran resistencia, como muestra *ConversEmos*, donde se explora más a profundidad ya no las interacciones de una tribu o grupo social con un contexto externo dominante que lo reprime, sino las contradicciones internas que revelan la "alternatividad social" cubana como una esfera compleja.

También desde la conmocionada década de 1990, otros realizadores apelaron igualmente a las sexualidades divergentes con la "moral" heterenormativa estatuida, con obras como *Mariposas en el andamio* (Luis Felipe Bernaza, 1995), primer abordaje audiovisual abierto del transformismo escénico y del homosexualismo que lleva aparejado en la mayoría de los casos. Adeudos directos de esta fundacional obra son

Ser o no ser Eduardo (Javier Echeve, 1999), *La mujer de mi vida* (Carlos Collazo, 2014), *Margot, Máscaras* y *Villa Rosa* (todos de Lázaro González, 2013, 2014 y 2016).

Las complejidades del universo LGBTI cubano se entremezclan ineluctablemente en la documentalística joven cubana con problemáticas aparejadas, como la prostitución y todo su bastante inexplorado cosmos, como sucede con *Sexo, Historias y cintas de video* (Ricardo Figueredo, 2007) y *Tacones cercanos* (Jessica Rodríguez, 2008). Estos fenómenos son revelados y analizados, dejando muchas y grandes puertas para subsiguientes abordajes que no deben tardar en arribar.

Obras como *Ella trabaja* (Jesús Miguel Hernández, 2007), *M&K* (Yam Montaña y Jorge Torres, 2005), *En el cuerpo equivocado* (Marilyn Solaya, 2011) y *El Evangelio según Ramiro* (Juan Carlos Calahorra, 2012), concentrados en el estudio de personalidad y el testimonio, abordan los vericuetos psicosociales de las personas transgéneros, zona extrema y aún menos aprehendida a plenitud, incluso dentro de la propia comunidad LGBTI. Sus interacciones y diferentes grados de integración a las esferas familiar, social, laboral son sometidas a finos escalpelos, que van desmembrando las casuísticas en otras disímiles implicaciones: religiosa, de género, superación, trabajo y hasta de dinámicas sociosexuales, por llamarlas de alguna manera, con el secreto a voces que son las "zonas de tolerancia" como la conocida "Potajera" habanera. Un corto de ficción con claros aires de *fake* o *mockumentary*, como *El bosque de Sherwood* (Jorge de León, 2008), ofrece pistas para posibles futuras investigaciones de campo al respecto.

En sentido general, estos abordajes más-menos incisivos, más-menos especializados, más-menos parcializados (unos adolecen de una victimización extrema de sus protagonistas, signados están otros por una excesiva intención apologética), redundan en la desmitificación, complejización y a la larga: restructuración de la imagen sexual cubana, en su sentidos socioantropológico y cultural más amplios.

DE RELIGIONES Y MÍSTICAS

La religión y sus prácticas, o más bien la religiosidad inmanente e inherente al cubano histórico y contemporáneo, ha sido otra de las esferas representacionales que apenas había conseguido cierta referencia mediática (televisiva y fílmica) en sus vertientes afrocubanas, casi siempre asumidas en sus dimensiones artísticas; mientras la cristiandad católica y protestante, el espiritismo, y demás formas eclécticas apenas encontraron espacio antes de la visita al país en 1998 del Papa Juan Pablo II.

El referido documental de Juan Carlos Calahorra, *El Evangelio según Ramiro*, aunque no se lo propone como primer objetivo, sí aborda nítidamente la fe y las prácticas católicas, así como la breve y sencilla *Plegaria* (Eyder Armas, 2012), que desde una hálito ensayístico, más que documental, recrea el fervor y sobre todo las desesperadas esperanzas con que los habitantes de la ciudad camagüeyana de Nuevitas recibieron a la imagen de la Virgen de la Caridad del Cobre, de paso en su amplio peregrinaje por toda la nación, a propósito del cuarto centenario de su hallazgo. La también breve y melancólica *Evocación* (2010), del pinareño Alejandro Alonso, indaga en los rituales cubanos de remembranza y culto a los ancestros, desde la casi pureza objetual de los implementos involucrados en estas prácticas de sesgo unívocamente católico, aunque mixturado con otras concepciones personales y espiritistas.

Ara (2013), también concebida por Calahorra, desde una concepción más reporteril, ortodoxamente documental, se cimenta sobre el testimonio de los protagonistas, para despejar y exponer de lleno las complejidades, la cosmovisión y el devenir histórico de un singular y añejo círculo espiritista, que se ha sostenido en el tiempo, a pesar de la significativa mengua y envejecimiento de sus miembros.

Hacia los predios más rurales han dirigido sus miras creadores como Kenia Rodríguez, del singularísimo proyecto de la TV Serrana, que aunque apoyado por la institución ICRT, no deja de marcar una alternidad apreciable respecto a los constructos representacionales de este Instituto. En *San Juan Bautista* (2010), mediante una osada aplicación del método observacional, revela el ritual masivo que con una fidelidad férrea, una comunidad del oriente cubano desarrolla el día del referido santo. Es una verdadera ablución cubana, que resulta plataforma ecuménica donde se desarrollan y conviven libremente diversos credos; una verdadera "zona de tolerancia religiosa" donde concurren muy diversas apropiaciones de lo trascendental.

Igualmente ubicados en áreas no urbanas, tampoco occidentales, los documentales *La certeza* (Armando Capó, 2012) y *Milagrosa* (Diana Montero, 2014) apuntan hacia la deconstrucción igualmente observacional de rituales con alto énfasis curativo, donde el líder carismático —sobre todo en el extendido *La certeza*— resulta axialidad clave que se desborda hacia otras esferas de la vida de la comunidad, consolidándolo como líder social. *Milagrosa*, desde una postura más irónica, y hasta sardónica, resulta a la larga un registro muy interesante de los procederes singulares de una curandera, que terminan trascendiendo las intenciones conceptuales y dramatúrgicas de la realizadora.

Aunque el suicidio infantil prevalezca como tesis principal de *Un paraíso* (Jayisha Patel, 2013) —y subraya la obra de esta estudiante india de la Escuela Internacional de Cine y TV de San Antonio de los Baños (EICTV) como uno de los más arriesgados (y exitosos) acercamientos a una zona tan intensamente delicada—, las prácticas religiosas cubanas de corte espiritista vuelven a emerger como definitorio colofón y placebo social para comunidades rurales, además de definirse como rasgo ineluctable de la cartografía sociocultural de la ruralidad montañosa cubana, siendo la franja oriental más beneficiada por las posibilidades e intereses fílmicos . Un anterior trabajo de la propia Patel: *Mellán* (2012), aborda el impacto radical y decisivo que la conversión a una de las más atávicas, curiosas y radicales formas del judaísmo implica para la vida de la protagonista, militar de carrera en su vida previa al encuentro con el "señor".

Los muy recientes *Duelo* (Alejandro Alonso, 2016) y *Limbo* (Rafael de Jesús Ramírez, 2016), igualmente remontan la exploración más intimista de vidas intensamente mixturadas con la mística, cuyas existencias y paz mental dependen de la práctica incesante de rituales peculiares para las que han sido escogidos de antemano por potencias superiores e inefables.

La mayoría de estas obras, aunque igualmente apoyadas por la institución académica EICTV —como la TV Serrana por el ICRT—, mantienen claras autonomías respecto a los modelos representacionales del *status quo*, dada la libertad creativa que la Escuela brindó sus autores-alumnos para desarrollar sus discursos; amén las correspondientes reconsideraciones y relaboraciones por parte de los tutores y profesores de los respectivos ejercicios.

DE MIGRACIONES Y RUINAS

La pobreza y la migración interna oriente-occidente, fenoménicas complejas y de ingente impacto en las dinámicas sociológicas y culturales cubanas, tienen respectivos exponentes señeros en obras que han devenido "clásicos" contemporáneos de la documentalística independiente cubana, como *De buzos, leones y tanqueros* (Daniel Vera, 2005) y *Buscándote Habana* (Alina Rodríguez, 2006). En el primero se indaga, sobre todo a través del testimonio de muy bien escogidos protagonistas —quienes en sí engloban un significativo espectro de esta casuística—, sobre prácticas marginalizadas de supervivencia a través del reciclaje extremo de la basura. Es un apreciable intento por dignificar humanamente a estos seres, mediante la exposición de sus problemáticas vitales, rutinas de vida, motivos y motivaciones. No faltan en ninguno de los dos materiales la contraposición con fuentes institucionales y autoridades urbanísticas que coadyuvan a unos sólidos rigor y ética. Ayudan a engarzar estas obras como importantes caras del infinito poliedro de la "realidad" cubana.

Buscándote... se adentra específicamente en los asentamientos ilegales de inmigrantes indocumentados, que viven en condiciones al borde de lo infrahumano, y de la desesperación ante su fracaso por alcanzar la "prosperidad soñada" en el ámbito capitalino. Tal ingente crisis habitacional se reitera en subsiguientes documentales como *Hotel Nueva Isla* (Irene Gutiérrez y Javier Labrador, 2014), donde, más apegado al llamado documental de observación, se registran los avatares cotidianos de los habitantes de un antiguo hotel devenido ciudadela sobrepoblada. Tan desbordada como puede estar el megálico proyecto de "Ciudad del futuro" que a inicios de los años setenta se alzó en la zona habanera de Alamar, cuyo pasado promisorio y presente desconchado es repasado y revisado en el documental homónimo de Damián Bandín y Karin Losert (2008), articulado con los testimonios de los niños que crecieron en esa época de irrepetible triunfalismo utopista. A los recuerdos del optimismo pretérito (y preterido), reproducidos en *off*, se contraponen planos contemporáneos de los infinitos y monótonos bloques de edificios despellejados, ahumados, al borde de lo ruinoso y densamente poblados.

Tales propuestas son aristas del tratamiento fundamental que desde el audiovisual independiente recibe el urbanismo cubano, pletórico de ruinosas estructuras que enmarcan como gran escenario o tablado, existencias, historias y dinámicas que lo equiparan en decadentismo. Herederos de algunas de las secuencias más recordables de la ya citada *Memorias...* de Titón, esas donde Sergio recorre calles flanqueadas por tiendas semivacías, aburridas, tristes. O para una referencia más cercana: las incontables ruinas que su *Fresa y chocolate* (1993) se empeña en develar, como una especie de *striptease* mísero, con aires de revelación de las entrañas bajo la dermis maquillada de éxito.

De la amarga campiña

Otra cara de la emigración cubana endógena —que a su vez se asienta y revela tácitamente las sinuosidades e irregularidades del panorama geosocial y económico cubano— se aprecia en *A dónde vamos* (Ariagna Fajardo, 2009), que, también adscrito al rico repertorio de la TV Serrana, registra y analiza las dinámicas migratorias del campesinado montañés cubano: acuciado y presionado por la carencia de oportunidades de prosperidad económica en un entorno que dejó de ser propicio para su existencia y subsistencia.

Ya el impacto lamentable de políticas económicas desconocedoras de las diferentes peculiaridades contextuales había sido recogido en otro innegable "clásico" de la documentalística cubana: *deMoler* (Alejandro Ramírez, 2004), donde el realizador indaga el devastador impacto sociocultural y económico que el cierre brusco de un central azucarero a inicios del siglo XXI ocasiona en el batey interdependiente, cuya vida giraba alrededor de este eje imprescindible. El relativamente epigonal *Nos quedamos* (Armando Capó, 2009), apela también a las literalmente derruidas condiciones de vida en que persisten (más que subsisten) los restos de una comunidad, reacia a desplazarse hacia más promisorios asentamientos, que vienen a representar para ellos, aún más que el mejoramiento habitacional, el fatal desarraigo de un espacio donde se cimentan sus vidas, al que están imbricados culturalmente. La resiliencia comunitaria, como fenómeno inverso al planteado por la Fajardo en *A dónde vamos*.

Otra pelea cubana contra los demonios...y el mar (Tupac Pinilla y Raydel Araoz, 2007) y *Hombres de Cocodrilos* (Liván Magdaleno, 2013), entre sus muchas proposiciones, apelan a este fenómeno de resistencia suscitado en asentamientos en franca decadencia, que frisan la extinción definitiva ya casi que por decreto oficial —como el primero de los mencionados—, ya por la despoblación radical ante las opciones de vida que un pueblo tan agreste como el matancero Cocodrilos, ubicado en la Ciénaga de Zapata, donde solo perviven los ancianos renuentes y sus recuerdos.

A un enfoque de la ruralidad, digamos que "faulkneriano" o para asumir un término más cercano: "meganense", responden la mayoría de estas obras, que en primer lugar se apartan temática y discursivamente del contexto urbano y del más específicamente capitalino como ejes vitales de la nación. Se zambullen en lo que sería el reverso radical de lo citadino y lo industrial como claves del desarrollo, establecidos como paradigmáticas metas hace décadas, a despecho de la naturaleza eminentemente rural y agrícola de la nación.

Y precisamente ante la prevalencia urbana, centralizada en "La Capital" y las capitales provinciales (como replicaciones a escala menor del modelo habanacentrista), una significativa zona de la documentalística cubana recoge, analiza y hasta sistematiza de conjunto, el naufragio de núcleos poblacionales otrora prósperos hasta una verdadera autonomía socioeconómica. No revelan más que las nuevas encarnaciones de un verdadero atavismo que se remonta hasta los verdaderos orígenes coloniales hispanos de la actual Cuba, donde enraizó la disparidad socioeconómica Occidente-Oriente que perdura hasta el presente y aun condiciona la existencia misma del país.

Casi todas estas comunidades están emplazadas en la costa norte centro-oriental cubana, y empalmadas por esa misma línea norte que recorre el ferrocarril abordado por Marcelo Martín en su largometraje *El tren de la línea norte* (2014), que analiza la decadencia y casi extinción del antiguamente floreciente pueblo avileño de Falla. Holgura sesgada en gran medida por el desplazamiento de las rutas económicas cubanas hacia las capitales provinciales establecidas en la división político-administrativa de 1976, que restructuró la subordinación de importantes polos portuarios, azucareros e industriales de gran autonomía y funcionalidad a un nuevo esquema de desarrollo.

La parada de Falla viene a ser de las más inmediatas alcanzadas por el periplo iniciado décadas antes en las creaciones del camagüeyano Gustavo Pérez (*Despertando a Quan Tri*, de 2005), seguido por *Model Town* (Laimir Fano, 2006), *Otra pelea cubana contra los demonios...y el mar* (Tupac Pinilla, 2007), *Uvero* (Arian Pernas y Alejandro Rodríguez, 2011), *Hombres de Cocodrilos* (Liván Magdaleno, 2013) —si bien este último discursa sobre un pueblo de la Ciénaga de Zapata—, se articulan a esta verdadera cartografía de la melancolía, la remembranza, la alarma, al denuncia y la tristeza social de seres marginados, solitarios, abandonados, envejecidos, moribundos como individuos y como comunidades.

Epílogo

Si bien resulta común calificar —con ciertos hálitos peyorativos— esta documentalística y el audiovisual independiente nacional en sentido general, de fatalista, pornomisérica, oscura, amen las diversas y hasta divergentes cotas cualitativas, tampoco se puede olvidar su tácito cometido de matizar un sistema establecido de representaciones de la "realidad" contemporánea del país, harto monotonal, optimista y maniqueo. Una posición extrema casi siempre viene a engendrar un opuesto igualmente excesivo, empeñado en exponer, exorcizar, visibilizar y problematizar en el ágora social, las conflictualidades de que nunca va a prescindir un país, más que cubano, humano, con todo lo que esta condición implica. Movidos están estos realizadores, en su grandísima mayoría, por un compromiso social más-menos inconsciente, o al menos por una legítima necesidad de participar en la sociedad mediante la práctica del derecho a dialogar, interpretar y representar su cosmos inmediato. Discursos acres, duros, conmovedores, tristes, pero imprescindibles, como catarsis necesaria, como mecanismo de autosanación nacional a manos de sus propios hijos.

La maldita circunstancia de la desconexión por todas partes

La marginalización de Cuba respecto al complejo entramado del ciberespacio y los esfuerzos alternativos de su sociedad civil (la verdadera) por trascender la amplia barda que impide su inmersión plena en las dinámicas comunicacionales de la Red de redes, han encontrado resonancias exploratorias, problematizadoras y críticas en las más recientes épocas del audiovisual independiente nacional.

Los documentales *Off_Line* (Yaima Pardo, 2013) y *Blog Bang Cuba* (Claudio Peláez, 2014) estructuran una suerte de díptico genésico que plantea de conjunto las principales implicaciones sociopolíticas y culturales de no sumar los potenciales de la web al constructo orgánico de la nación, a la vez que cartografía los primeros abordajes cubanos de las posibilidades que ofrece Internet —con énfasis en los *blogs*— para el desarrollo y consecuente maduración de la participación colectiva en todos los destinos de esta misma nación. Proceso que quiebra, de una vez y por todas, la presunta efectividad de la administración verticalista de la información por parte de los centros oficiales de poder; apegados no menos que ingenuamente a paradigmas comunicativos tan arcaicos como puede ser la fundacional Teoría Hipodérmica (*Bullet Theory*) de inicios del siglo XX, que presuponía la asimilación acrítica de los mensajes por parte de un receptor pasivo e idealmente obediente.

La radicalización de los flujos de conocimientos, y sobre todo su vadeo de los mecanismos de control y criba de los saberes —basados en el control exclusivo y excluyente de los medios tecnológicos de comunicación— para una eclosión sin paralelos de la capacidad participativa real de los cubanos, marca pues un punto de inflexión en la dialéctica de la sociedad. Y delata en gran medida los dilemas de la institución para reformularse en tiempos del diálogo y la convivencia con el otro, cuya voz no está precisamente alineada de manera unívoca con el discurso oficial, cuya piedra de toque siempre ha sido el apoyo incondicional y homogéneo de un pueblo del cual es legítima expresión. *Never more.*

El diálogo posible y equilibrado entre poder y nación —que no son lo mismo, aunque siempre se haya intentado demostrar lo contrario— es reemplazado por los intentos oficiales cubanos de aplicar al Internet los mismos métodos de control que desplegó sobre los medios analógicos del XX. Complementados por una satanización de la web como terreno favorable para la proliferación de los ataques al proyecto sociopolítico, y la corrupción general de todo el sistema de valores y principios. Alarma que delata subrepticiamente la extrema fragilidad de este propio entramado ideológico, pues un simple cotejo de opiniones divergentes de los estamentos oficiales parece tener el poder para desmoronarlo. No obstante, el ágora diversa, heterogénea y compleja sería la mejor prueba de calidad e integridad posible para unos principios marmóreos clamados y aclamados todo el tiempo por la propaganda institucional. Eso sí, el poder está obligado a repensarse y reorganizarse como entidad dialogante y no mandante, conviviente y no excluyente, organizadora y no censora.

Aunque en cuestiones de escritura fílmica estas dos propuestas de Pardo y Peláez poco aporten al *corpus* audiovisual cubano, en tanto recurren a fórmulas narrativas puramente reporteriles y hasta hieráticas, su madurez analítica y responsabilidad intelectual los revela como ejercicios de simultánea capacidad de exploración, sistematización y deconstrucción fenomenológica que les permite esbozar estos (y muchos más) prolegómenos de peso definitorio para la comprensión del presente panorama.

Off_Line y *Blog Bang Cuba* resultan obras promisorios prólogos para una subsiguiente, inmediata y posible oleada de obras audiovisuales que pudieran complejizar y expandir las discusiones propuestas. Pero mientras que tales películas están aún por arribar a la palestra, el tema de Cuba y la Sociedad de la Información se ha visto desplazado a terrenos más llanamente episódicos, casuísticos, costumbristas, pintorescos y humorísticos, incluso con nuevas participaciones de los propios Pardo y Peláez. Aunque, eso sí, no dejan de echar luces sobre las numerosas dinámicas de adaptación, supervivencia e innovación de la sociedad insular respecto a la dialéctica civilizatoria que le propone el siglo XXI.

El interrumpido proyecto *La hora de los desconectados* (2015) buscó orgánicamente llevar a las plataformas autóctonas del ciberespacio la problemática de marras, con la ejecución de un producto transmedia que incluyó una serie web de nueve obras con preeminente tono exploratorio y expositivo como *ADEC* (Cynthia de la Cantera), *Buen provecho* (Nelson González), *En la guardarraya* (José Jasán Nieves), *El código desconocido* (Claudio Peláez), *Redes al margen. SNET* (Fidel A. Rodríguez) y *Social Tree* (Yaima Pardo). Los menos optaron por la ficción para desarrollar sus ideas sobre los usos sociales de las Tecnologías de la Información y la Comunicación (TIC), como *Hobbie* (Lázaro González), *Con el pie en el bache* (Rachel Rojas) y *Por cuenta propia* (Juan Carlos Travieso), con menos que más aciertos creativos.

Vistos de conjunto, articulan un primer intento nada innoble de identificar modos con la nación se las ingenia para continuar moviéndose, para lograr sincronizarse con las oportunidades ofrecidos por estas TIC como factores definitorios de la época.

El ejercicio colectivo, atemperado en duración y tono a las tendencias receptivas mayoritarias de Internet, devino más bien un epílogo "curioso" a los más sólidos análisis desplegados por *Off_Line* y *Blog Bang*... A su vez, concluyó toda una primera etapa de la mirada audiovisual cubana a esta zona conflictual (y conflictiva, ante la implicación de un nuevo elemento como la decisión estatal de socializar la conectividad por Wi Fi en áreas públicas de las ciudades cubanas desde 2016. Tal giro significativo en el dramático y escabroso romance cubano-ciberespacial se ha apropiado hasta ahora de toda la atención de los realizadores independientes, con obras como el documental observacional *Conectifai* (Zoe García, 2016) y la serie web animada *Willy x Filly* (Victor —Vito— Alfonso, 2018), de cinco capítulos, encargada y producida por la plataforma virtual *El Toque*.

Más allá de los consabidos y mayoritarios usos comunicativos interfamiliares, la cautelosa relajación de la hegemonía oficial sobre el acceso a Internet de la población ha tenido primeramente una incidencia considerable sobre los propios conceptos de lo público y lo privado de los cubanos. Se ha generado todo un nuevo sistema de prácticas socioculturales, económicas, y hasta abiertamente delictivas: no pocos son los casos de asaltos y robos de teléfonos móviles, *tablets* y *laptops* a personas durante el ritual de la conectividad en espacios desprotegidos y vulnerables como pueden ser los parques de noche o madrugada sin suficiente o ninguna presencia policial.

La renuencia institucional de facilitar el acceso a Internet en los hogares —algo viable en tanto el cada vez más numeroso empleo de los captores de señales, los "nanos", delata la posibilidad de implementarlos legalmente como método viable— no parece ser más que la más contemporánea resonancia de sempiternos esfuerzos oficiales por dinamitar la individualidad como "rezago burgués", a favor de su disolución en la totalidad de una masa social(ista) monocorde, homogénea y unánime, bajo pretextos anti-clasistas y anti-individualistas.

Una masa localizada en un espacio abierto, público, donde ejecutar la vigilancia colectiva, o más bien fomentar la ilusión de esta desde la supresión casi humillante del derecho a la expansión privada. Las zonas Wi Fi devienen entonces escarmiento sin merecimiento previo más que el deseo legítimo de navegar desde la comodidad física y espiritual de las casas. Claro, los precios aun prohibitivos para las mayorías cubanas de la más reciente oferta del *Nauta hogar*, no logran compensar las aglomeraciones inducidas y más asequibles de los parques.

Conectifai, entonces, va hacia el registro primario, exploratorio, curioso, de algunas de las diferentes rutinas —aún precarias y elementales— de apropiación de la conectividad que hacen los cubanos del nuevo medio a su alcance. La comunicación lo más estable posible entre familiares residentes allende y aquende los mares es, y sigue siendo, la necesidad básica por excelencia, cuyo apremio trasciende cualquier escrúpulo de exponer toda o casi toda la vida privada en una plaza pública. La expansión de las rutinas conductuales de la ciudadela/cuartería marginal o albergue, a todos y para el mal de todos.

Las ansias por regularizar el contacto bajo el asedio de una conectividad casi siempre deficiente y fragosa provocan un ejercicio inconsciente de aislamiento respecto al prójimo muchas veces arracimado hombro con hombro. La multitud inducida termina fragmentándose en un terreno parcelado con bardas de silencio, o de casi impúdico despliegue de asuntos privados, que terminan desdibujando el contexto y a los otros.

Esta misma circunstancia es ficcionada y satirizada desde la humorada vernácula por la serie web *Willy x Filly,* dos nuevos integrantes del que pudiera irse catalogando como "Vitoverso", junto a *Dany y el Club de los Berracos* y *Yesapín García*, protagonista de su propia serie web. Vito recoge el batón largado por *La hora de los desconectados,* anclándose a la más pura tradición del teatro bufo cubano en tanto dispositivo de crítica sociopolítica.

Los icónicos gallego y negrito son sustituidos por nuevas figuras sumadas al siempre dialéctico panorama costumbrista: dos "luchadores" callejeros que asumen los consabidos roles de figura y contrafigura, para desplegar un contrapunteo coloquial, graciosamente minimalista.

En su brevedad de sainete, el constructo dramatúrgico diseñado por Vito apuesta por vadear el golpe de efecto demasiado aparatoso, ya conseguido de manera extrema —y tan rotunda, que toda emulación o mímesis es demasiado riesgosa, además de epatante— con su Yesapín. Los capítulos están concebidos desde una perspectiva fragmentaria, como retazos captados al vuelo por un paseante o "conectado" circunstancial. El completamiento del relato corre por el receptor.

Willy y Filly encarnan las necesidades y conflictos más básicos de la cotidianidad superviviente del cubano concentrado en el hoy, sin apenas recordar el ayer, ni mucho menos percatarse del futuro. Como ya expone el "precursor" documental dirigido por Zoe García, la conectividad criolla se revela como ritual social, como práctica catalizadora de la comunicación a dos niveles: el virtual y el físico, en contante interacción, pues las interacciones privadas no dejan de ser compartidas o comentadas con el prójimo inmediato. En cierta forma, triunfan los propósitos (conscientes o instintivos) institucionales, conscientes o inconscientes, de quebrar el espacio personal, de resquebrajar la esfera privada. A la larga, es lo mismo que termina sucediendo con las redes sociales, donde lo privado busca resonancias en la palestra pública como ejercicio político y/o exhibicionista.

EL ÁTOMO, EL SIDA, ANGOLA, SANTA Y ANDRÉS: LOS OCHENTA EN EL CINE CUBANO CONTEMPORÁNEO

Los años ochenta están regresando a los imaginarios mundiales desde el revivalismo de signos e íconos pop occidentales que marcaron a los niños y adolescentes de entonces, con seriados tan exitosos como el reciente boom de Netflix: *Stranger Things*; cintas como la animada *Wreck-It Ralph* (Rich Moore, 2012) sobre los videojuegos de ocho píxels o la *indie* canadiense *Turbo Kid* (Francois Simard, Anouk Whissell, Yoann-Karl Whissell, 2014); o bien la resurrección de personajes y sagas como Mad Max, Terminator, Alien, Depredador, Ghost Busters, *Star Wars* y *Star Trek*. Viene a resultar tal fenoménica una suerte de reafirmación sociocultural de una generación situada ahora en la cúspide epocal, en posición de regalarse tales autoalegorías desde un proactivo protagonismo.

En Cuba, los ochenta también han escalado hasta preeminentes nichos del audiovisual nacional, con producciones gestadas generalmente por realizadores cuyas infancias transcurrieron o circundaron estos años, cuyas huellas en el imaginario colectivo cubano no son precisamente agrias, de manera general, dada la indiscutible bonanza económica que casi cristalizó en la nación la funcionalidad de la utopía socialista entusiastamente pro-soviética. Ya hasta con ciertos márgenes para una creación artística e intelectual post Quinquenio Gris, ya asumida por un "hombre nuevo" nacido a finales de los cincuenta y en los sesenta, que comenzaba a tomar distancia crítica de sus progenitores y de un contexto matriz con cada vez más divergentes propósitos para ellos.

Los hijos de este "hombre nuevo" frustrado a la larga, ahora desandan los tiempos de sus padres, en pos de conocer, repasar, revisar y dialogar con una contemporaneidad que pudiera rehuir la calificación de historia por lo "reciente" de su transcurso y por su importante repercusión en la inmediatez nacional. "Curiosidad" que — más allá de la indagación en hechos triunfalista y libelistamente registrado en los documentos periodísticos de la época— recubre una necesidad mucho más medular de comprender sus circunstancias sin pre-condicionamientos institucionales-generacionales, sino desde la indagación personal e intelectual de los universales subyacentes en lo local, en lo ocasional y que —dispensando el retruécano y la cacofonía— articulan lo nacional. Fueron niños que apenas vieron en el blanco y negro de los televisores soviéticos las batallas espaciales del Halcón Milenario y la Enterprise, y acumulan muchas dudas.

Hasta el momento, cuatro ficciones de largo metraje de tres "niños de los ochenta" y de un "protagonista" adulto han hincado el escalpelo en la década, con la quirúrgica precisión del intelectual lúcido y el artista autónomo: *La obra del siglo* (2015), de un Carlos M. Quintela nacido en 1984; *La emboscada*, de Alejandro Gil, todo un "hombre nuevo" nacido en el año-umbral de 1958; *El acompañante* (2015) de Pável Giroud (n. 1972) y *Santa y Andrés* (2016). Esta última subrayada y muy promocionada por la polémica censura de que ha sido objeto por parte de la oficialidad cubana. Cintas estas que, por demás, ostentan en su mayoría virtudes fílmicas que las colocan a en la avanzadilla del discreto renacer que experimenta el audiovisual cubano, ya muy lejos de las bardas del ICAIC.

Entre todas van prefigurando la línea de derrota que Cuba describió durante los ochenta, para terminar enlazando polos críticos tan extremos como los setenta y los noventa. De hecho, una línea llena de derrotas, y victorias tan pírricas como puede ser lo ilusorio.

LO QUE EL SIGLO SE LLEVÓ

En esta época de alucinación sociopolítica, iniciada por la desaforada estampida del Mariel —segunda gran ola migratoria cubana— y clausurada por el *affair* traficante de Arnaldo Ocha, se retomaron las megálicas (y megalómanas) mismas ansias primermundistas de los tiempos zafrescos de los setenta, y se emprendieron iniciativas como la Central Electronuclear de Juraguá (CEN), bajo los triunfalistas aires de la nunca reditada comedia cósmica de Arnaldo Tamayo y los aciertos bélicos en África. Llegaba por segunda vez el poder atómico a Cuba, ya no en forma de misiles, sino bajo el manto del uso civil pacífico, como pacífico factor de desarrollo.

Y precisamente, el domo inconcluso de la CEN es una de las peculiaridades del horizonte que puede divisarse desde el malecón de la ciudad de Cienfuegos. En sus cercanías, apenas a cuatro kilómetros, se erigió conocida como Ciudad Nuclear, epígono entusiasta de la soviética y grandilocuente Ciudad Estelar o Leninsk, aneja al cosmódromo de Baikonur, en Kazajistán.

Mientras Leninsk alojaba al personal del cosmódromo junto a todos sus familiares, su versión cubana dio alojamiento a todos los trabajadores especializados que laborarían en la magna obra iniciada precisamente en el simbólico 1984. A la construcción se entregaron decenas de miles de almas, puestas su fe, junto a la del país, en este máximo símbolo del progreso de la Sociedad Industrial y del entonces polo izquierdo del mundo. La cesación del "campo socialista" y su líder soviético, sellaron el aborto de la central. Quedó el domo incompleto como llaga aun supurante de frustración, fracaso e infortunio, donde todavía se anegan los trabajadores nucleares venidos de toda Cuba, que ya quemadas las naves, devinieron abandonados náufragos del pecio de la soberbia. Y sus descendientes siguen pagando los pecados ajenos.

Hibridación sardónica y provocadora entre secuencias de ficción y abundantes materiales de archivo, provenientes sobre todo de las arcas de la también nonata Tele Nuclear, *La obra del siglo* resulta un peculiar docudrama donde a fuer del montaje muchas veces incordiante, y desde el redimensionamiento sutil de unas imágenes de archivo que dejan poco a la imaginación, Quintela establece un diálogo confrontativo-contrastante del pasado y presente de esta CEN que se hermana con él en edad, con su apéndice urbano.

Las divergencias brutales entre el ayer ochentero, promisorio, aún latente en las dropadas imágenes de los viejos casetes, y el presente estático, con silencio de pura ciudad abandonada, son tan abismales como los propios modos de recrearlos que escogió el autor.

Los ochenta son representados con la colorida máscara televisual, el hierático reporterismo signado por la inmediatez y el fragor de las tareas, en medio de un frenesí de utópica propulsión. Son años "objetivos"; más bien objetivistas, adustos, donde no resta tiempo para dudar, menos ante la imponente estructura de este castillo de naipes de hormigón. Se vislumbran como un puro *kitsch* informativo, ni siquiera noticioso, tanto como el nostálgico pero nada ingenuo tema *Me quedé con ganas*, del cantautor Vicente Rojas, que musicaliza las imágenes igualmente reporteriles de las desesperadas alternativas, que a mediados de los subsiguientes noventa, buscaron calmar la sed de esperanza con el agua de los cocoteros sembrados en la zona.

El presente de esta era post-(pseudo)nuclear, siempre en blanco y negro, se prefigura desde las tantas individualidades en que se desmigajó la obra del siglo, cuando su vacuidad interior explotó, con efectos muy devastadores pero incapaces de mesurarse en unidades *roentgen*. Pues irradió directamente el sentido de la vida, los sueños de miles, el destino de una nación. Como anécdota axial se desarrollan las complejidades de un triángulo rencoroso, una trinidad generacional integrada por el Padre (Mario Balmaseda), el Hijo (Mario Guerra) y el Desespirituado (Leonardo Gazcón), AMÉN.

Durante todo el metraje, estos tres protagonistas intentan vivir, más bien encontrar sentido a sus vidas, en medio del agobiante tedio del Paraíso Perdido que es la Central y su batey nuclear aún imponente, racionalmente arquitectónico, como un esqueleto que se blanquea al Sol. Nada gratuitas resultan las semejanzas con fenómenos que recrean documentales como *deMoler* (Alejandro Ramírez, 2004), sobre otras tantas ruinas y vidas arruinadas.

El personaje de Balmaseda es recio y tozudo, impositivo y proactivo, al borde de un deceso esperado que amaga pero no llega, aunque por un momento parece morir, pero se levanta y sigue andando. Su vástago, asumido por Guerra, es el ente recesivo, el eslabón más débil de la cadena. Es el Hombre Nuevo que ya no tiene nada de novedoso, víctima de su tiempo, de su consecuencia, de la inconsecuencia de otros, y de su fe. Nunca se ha deslindado de su padre, con quien mantiene tensa convivencia de trincheras; resignado ante la imposibilidad de buscar otro hogar, otra vida lejos del dominante progenitor, independiente de él. El nieto, más ignoto, se fue, regresó, convive momentáneamente pero no se pliega por completo a sus mayores. Hasta se revela contra su padre, golpeándolo. Nunca contra el abuelo, Dios Padre, sacro y egregio, que respeta más a este "nieto pródigo" que a su propio Hijo, como hechura directa pero atrofiada. El Nieto solo está de paso. No está atado a la Ruina Nuclear como el Padre y el Hijo.

La cúpula de la CEN —símbolo, curiosidad, anacronismo *all-in-one*— aparece casi siempre en lontananza de las acciones, como un ente misterioso pero omnipotente que rige los destinos, vela las pesadillas huecas de sus vecinos, aherrojados aún a profesiones y oficios —ilusiones conjugadas en primera persona del pretérito "infinito"— tan fantasmas como la CEN y el mundo que la engendró. Es un péndulo que no deja de batir sobre las cabezas de los personajes que parecen en busca de un pozo.

DE NUESTROS DESNUDOS Y MUERTOS

La emboscada no es una película bélica, aunque la aventurera guerra de Angola sea contexto y pretexto para desarrollar la historia. Y al fondo se vislumbren los fantasmas de Ochoa y los hermanos La Guardia. Versa sobre la entelequia absurda y siempre innecesaria que es la guerra, la que sea: vórtice que deforma la existencia hasta el término de la vida natural de quienes se sumergen en ella (por ideales unos, por pragmatismo otros)...hasta la muerte, siempre.

Adentrada en las consecuencias e inconsecuencias de las terribles encrucijadas donde las circunstancias colocan las vidas humanas, vadea los motivos macrohistóricos, bajo cuyos designios las personas se ven reducidas a meros recursos prescindibles, a puras estadísticas. Cuando más, a "sacrificios" glorificados *a posteriori*. Se quiebra así la cadena de extemporáneas desdichas establecida por cintas del ICAIC como *Kangamba* (Rogelio París, 2008) y la insufrible *Sumbe*

(Eduardo Moya, 2011), donde se buscó refrendar las intenciones épicas y patriótico-propagandistas.

La historia de los cuatro soldados cubanos que se ven asediados e incomunicados en "tierra de nadie" bajo una amenaza ignota y terrible, engendrada por una nación igualmente extraña y agresiva, concomita en esencias y estructura con uno de los grandes pilares del antibelicismo mundial: la novela *Los desnudos y los muertos*, de Norman Mailer, donde el agónico periplo de un pelotón de marines en la Guerra del Pacífico alterna con *flashbacks* remitentes a las historias personales de los protagonistas.

El calvario que en el presente diegético sufren Rigo (Tomás Cao), Javier (Caleb Casas), Calixto (Patricio Wood)[22] y Tony (Armando Gómez), no es más que condena, coyuntura y metáfora de unas vidas victimizadas por un mundo sin opciones, sin alternativas para la mínima realización personal, donde la honestidad cuesta caro —Camilo (Alejandro Cuervo), hijo de Calixto, es expulsado de la universidad por oponerse a la pena de muerte, y de su hogar tras confesar su homosexualidad—, y un apartamento decente requiere dos años de enrolamiento en una guerra distante. Un mundo donde un heroico veterano como Rigo no halla consuelo, y en su escapista terapia de alcohol arrastra consigo a la esposa y al hijo.

El enemigo, apostado en una ventajosa y casi omnisciente posición, es tan intangible y dañino como la misma vida sufrida *a priori* y *a posteriori* por los protagonistas. Es una ubicuidad que martiriza *in crescendo* a los soldados, pone a prueba su integridad, sus principios. Y finalmente, cuando nada tienen que perder, cuando el agotamiento ha derrumbado todas las máscaras, destila las verdaderas esencias, purga todos los pecados. También provoca heridas eternas.

De vuelta a las interacciones generacionales, se enfatiza en la polémica sobre sus verdaderos roles en la historia de la nación, o sea:

---

22 Wood encarnó al joven combatiente Carlos Manuel en el utópico Algo más que soñar, pero en este nuevo personaje duerme la mayoría del tiempo en una agonía sin sueños.

Predestinación parental vs. Escogencia dialéctica. Calixto, intransigentemente comprometido con los valores de su época (consolidada como *stablishment*, al cual se pliega un tanto oportunistamente), pretende inculcar el "síndrome del agradecimiento" a un bisoño y escéptico Javier, tan legítimo hijo de su tiempo como cualquiera. Incapaz de identificarse con experiencias que no le afectaron directamente, declara que no le ha pedido nada a nadie y por ende no debe nada. Por duro que sea, a los hijos no se les otorga una vida no solicitada para luego cobrársela... Entre estos dos extremos, Rigo establece, como tercer vértice de este tenso triángulo de relaciones, un raro balance.

TRAVELLING DE GRUPO CON IMÁGENES AUSENTES

Con el documental *Días de diciembre* (2016) la realizadora Carla Valdés León escruta repercusiones actuales de la guerra cubana en Angola (extendida de 1975 a 1991) en las familias de los caídos en combate, en los veteranos militares y periodísticos. Hurga bajo el más común y difundido sistema de representaciones con que se conoce este episodio bélico transoceánico. Dígase el serial dramatizado *Algo más que soñar* (Eduardo Moya, 1984), o varias pocas películas documentales como *Corresponsales de guerra* (Belkys Vega, 1985), *Roja es la tierra* (Rigoberto López, 1986), y varias emisiones del Noticiero ICAIC Latinoamericano.

Obras todas que, amén sus inevitables diferencias de estilo comulgan en el tono épico, patriótico, encomiástico de las más de dos mil inmolaciones a una causa trascendente, más grande y valiosa que cualquier individualidad sacrificada en su altar. Lo mismo para la ceremoniosa Operación Tributo del 7 de diciembre de 1989 —debidamente grabada— y sus posteriores evocaciones hasta el presente, que la Valdés interconecta con efectiva elipsis visual y preciso montaje sonoro, hacia los primeras secuencias de la cinta.

La propia voz reflexiva de la realizadora —con no pocas carencias de modulación, tono e inflexión, pero su voz al fin y al cabo—, superpuesta a tales imágenes solemnemente hieráticas, sienta las bases de esta discusión; que se extenderá hasta sus propias pesquisas en los archivos disponibles en la actualidad, tan oficiales como pude serlo la revista *Verde Olivo*, órgano oficial de las fuerza armadas nacionales. Pletórica de fotografías de actos militares; y sepelios masivos de los caídos realizados en 1989, donde el dolor de los familiares irrumpe, se impone, protagoniza y desborda.

Detonan entonces mil sugerencias sobre el carácter rizomático de la guerra (la de Angola, todas las ocurridas y las por venir), que trasciende victorias y derrotas táctico-estratégicas, rebasa los macro relatos históricos, y los justificativos políticos por más nobles que sean. La añosa Fela (protagonista del primer acto del documental) perdió sus dos hijos mayores en Angola y en la más nebulosa incursión cubana en Etiopía, y aun se aferra a sus imágenes entre las brumas seniles de su mente, en detrimento de sus tres hijas vivas y presentes, que no reconoce.

Esta cuestión de la repercusión psicosocial de la guerra es una perogrullada enorme, comprendida por numerosos realizadores y filmografías de todo el mundo, pero resulta singularmente novedoso en el audiovisual cubano, donde respecto a la guerra de Angola —y todas las demás— ha primado, con casi una total hegemonía, la representación épica. Tras los pasos de *Algo más que soñar* siguió la trilogía *Caravana-Kangamba* (ambas de Rogelio París 1990-2008)-*Sumbe* (Eduardo Moya, 2011), donde el tono más o menos "humano" de los personajes tributa a la glorificación del sacrificio en el campo de batalla. Para hablar solo del episodio bélico que nos incumbe.

Por eso, la ficción *La emboscada* (Alejandro Gil, 2015) viene a marcar un significativo *detour* en el enfoque, al despolitizar la guerra, concentrándose en los personajes —atrapados como están en un vórtice donde la supervivencia es la única ideología—, y en los altos costes existenciales que esta presupone para los veteranos en las décadas posteriores.

Los veteranos vienen a protagonizar igualmente los siguientes dos actos de *Días...*, a través de la deconstrucción del ex combatiente

Delfín, traumado por sus no detalladas experiencias de combate, dolido por el olvido y desatención oficial a él y los otros veteranos que representa; y del corresponsal periodístico Oscar, para quien el significado de sus medallas naufraga en las arremolinadas aguas que anegan su barrio en Guanabacoa. Comunidad marginalizada por la indiferencia gubernamental, donde, a su decir, reencarna Angola con máscara de presente. Su caso deviene, además, epítome de la discusión constante de Carla con el imago precedente sobre Angola, pues el personaje aparece por primera vez en la obra referida de Belkys Vega.

Oscar, además de su personalidad casi magnética y su aura seductoramente trágica y lúcida, es un obseso militante de la imagen, de su importancia para exponer, denunciar, atestiguar los azares de su época, por lo que resulta una acertada y alegórica conclusión para la película. Y termina superando con creces el subsiguiente epílogo, donde la directora se empeña con mediano éxito en cerrar la circularidad dramática establecida en el proemio de su documental, seducida por determinadas circunstancias poéticas.

Dos perdidos en una década enferma

Con *El acompañante* Pavel Giroud, 2015 continúa indagando, más bien hurgando, en los vericuetos psicosociales de sujetos al margen, inadaptados y descolocados; algo ya emprendido en sus cintas previas *La edad de la peseta* (2006) y sobre todo *Omertá* (2008), a lo cual se suma su marcada preferencia por el pasado.

Luego de transitar respectivamente los cincuenta y los sesenta avanza en su barrido epocal hasta los ochenta para diseccionar las primeras estrategias gubernamentales de contención ante el arribo del VIH/SIDA a la isla, como mácula terrorífica sobre la lechada de cal de la utopía. Sobre este contexto desarrolla la amistad entre dos personajes: el portador Daniel (Armando Miguel) y el boxeador castigado Horacio (Yotuel Romero), quienes desde sus senderos vitales muy diferentes, y por razones igualmente diversas, terminan confluyendo en el "célebre" y militarizado sanatorio de Los Cocos.

Daniel, hijo de alto oficial acomodado, que se contagia durante la guerra de Angola; Horacio, campeón internacional de boxeo que sucumbe al dopaje bajo las presiones diversas porque mantenga sus títulos, y termina de "acompañante" celador del primero.

Otro elemento interesante delata el conflicto de Daniel y de todos sus vecinos de enclaustramiento, heterosexuales todos; y es que la cinta enfatiza como de soslayo en las particularidades del fenómeno en Cuba, donde un alto por ciento de los contagiados iniciales no se adscribían a las preferencias homosexuales, como sucedió en los Estados Unidos. Cuba, años ochenta, SIDA y masculinidades se entretejen en la urdimbre del panorámico telón de fondo de esta amistad protagónica.

El énfasis que *El acompañante* pone en el (re)conocimiento, diálogo y final amistad entre estos dos marginados, conduce a la cinta por los caminos del *buddy film* (al igual que la más quijotesca *Omertá*). Asistimos al decursar de dos vidas relegadas por azares adversos, sin que logren imbricarse en un tinglado sólido, que cante a la aceptación del otro, a la amistad, la solidaridad, la integridad y la justeza.

...¡Y QUÉ VIVA MARTÍ!

Más que por el ensañamiento que sufre el poeta homosexual Andrés —casi proscrito, etiquetado como "gusano" y contrarrevolucionario— a manos y botas de los "representantes del pueblo cubano" que lo presionan para revelar su novela secreta, esta climática escena de *Santa y Andrés* (Carlos Lechuga, 2016) resulta momento notable, y sin dudas conmovedor, por cómo este une su temblorosa voz a sus ofensores cuando entonan el Himno Nacional al inicio del mitin relámpago de "reafirmación y repudio" a tal "escoria". Despojado yace de toda propiedad, segregado en las estribaciones serranas orientales a una vida de ermitaño bajo obligado voto de silencio.

Por un breve momento, cubanos irrevocablemente antagónicos — víctimas unos por pensar autónomamente, empoderados otros por la militancia intransigente en el *status quo*— comulgan en un único símbolo patriótico, nacionalista, trascendente respecto a cualquier coyuntura sociopolítica. Un símbolo como el Himno de Bayamo, que remonta las diferencias "con todos y para el bien de todos". Por un instante doloroso y agrio como el vino nuestro, la utopía martiana refulge, así como sucumbe ante los huevos, cuyo lanzamiento, en los inicios de los ochenta, devino deporte político nacional; y a la postre, símbolo triste de la intolerancia.

Es el segundo largometraje de Lechuga un filme de aires nacionalistas, que brega por el entendimiento entre los cubanos, allende las divergencias coyunturales, prejuiciosas y sobre todo oportunistas. Apelativo a la cicatrización de tajos profundos en las esencias más íntimas de la sociedad cubana: familia, amor, amistad. Subraya los valores culturales imperecederos por encima de los contextuales. Sbogan por el diálogo y la convivencia. Y como resorte discursivo, vuelve a apelar a la relación aparentemente dispar, contrastante, entre dos sujetos diferenciados por la dualidad de contextos que habitan. La mujer campesina Santa (Lola Amores) dialoga con el poeta e intelectual gay Andrés (Eduardo Martínez), satanizado por el poder en el diegético 1983 por el magno crimen de pensar y ser diferente a lo normado.

Amén las semejanzas básicas con *Fresa* y chocolate (Tomás Gutiérrez Alea y Juan Carlos Tabío, 1993), *Santa y Andrés* no desemboca en un *bildungsroman* propiamente dicho, con claras delimitaciones de los roles de maestro y discípulo, sino que apela a la escueta y emotiva identificación entre dos seres forzados a la misantropía desde sus respectivos y diversos cosmos. Santa nunca conoce los valores literarios ni la importancia cultural de la obra de Andrés y sus contemporáneos desparecidos en el exilio, sino que se conmueve con la soledad, la fragilidad y la peculiaridad del proscrito. Un tanto egoístamente termina proyectando en él sus esperanzas de reconstruir su vida. Además de singularizarla, esta estrategia dramatúrgica de Lechuga también termina salvando la cinta del mero (y riesgoso) alegato en que se le ha querido encasillar, pues gracias a las sutilezas del constructo intimista que se entreteje entrambos caracteres, se termina priorizando la relación sentimental y el puro tono humanista, como ejes argumentales y conceptuales.

Así mismo es como terminan trascendiendo cintas tan culturalmente diferentes (y de calidades variables, vale apuntar) como la surcoreana *Joint Security Area* (Chan-wook Park, 2000), la venezolano-colombiana *Punto y raya* (Elia K. Schneider, 2005) o la alemana *La vida de los otros* (Florian Henckel von Donnersmarck, 2006), que igualmente revalidan la comunión humana por encima de las discrepancias contextuales devenidas altares que exigen la inmolación de la individualidad y los valores más universales.

Hay un abrazo final entre Santa y Andrés, pero apenas un apretón furtivo, apresurado, cohibido, fugaz, como resulta toda su relación: imposibilitada de cualquier expansión sentimental dadas las ingentes diferencias, no solo políticas, entre sus dos mundos, y por el poco tiempo con que cuentan para establecer los nexos empáticos. Pudiera decirse que es una relación "de trinchera", de crisis; pero muy diferente a la emergencia movilizadora dictada desde el *status quo*, como gran justificante del estado de plaza sitiada en que ha pervivido Cuba desde antes de los ochenta y después de los ochenta.

Si bien los sesenta fueron años de esperanzada explosión demográfica, los ochenta fueron la aparente calma que precede al desencadenamiento de la tormenta engendradora de náufragos. Otra "tregua fecunda" de muy diferente cariz; una década-redoma donde se destilaron las esencias de los subsiguientes decenios. Y a estas fuentes originarias se remontan los directores cubanos desde sus búsquedas muy personales para entender y sobre todo para entenderse. Las cuentas se van ajustando entretanto...

Tres jinetes audiovisuales del Apocalipsis Cubano

En las zonas más experimentales y recientes del audiovisual cubano contemporáneo de postura independiente o alterna, se han ido sistematizando una suerte de indagaciones de fuerte corte simbólico —donde prevalece la metáfora como principal recurso discursivo—, intimistamente existenciales y complejos aires mitopoéticos, acerca del fracaso del proyecto sociopolítico oficial, con todos sus dinámicas y sistemas de paradigmas, cánones y modelos.

Las creaciones recientes de autores como Marcel Beltrán (*Casa de la noche*, 2016), Alejandro Alonso (*El proyecto*, 2017) y Alán González (*El hormiguero*, 2017) se separan de unos mucho más comunes enfoques casuísticos y con urgentes aires de denuncia expositiva-periodística que se realizan desde los terrenos del audiovisual independiente y alternativo. Desde el cine ensayo —para el caso de las dos primeras—, y la ficción —para el caso de la tercera—, tales piezas urden enfoques ontológicos, desde constructos estéticos donde tienden a diluirse las fronteras genéricas entre la ficción y el documental. Esto apunta hacia una reformulación total del diálogo entre sujeto y contexto, y a una expansión de los potenciales creativos desde un *corpus* referencial extraído del intenso panorama audiovisual de la contemporaneidad global.

Cual acto de justicia poética, mientras más versan tales obras sobre la distopía endogámica y agorafóbica, el enquistamiento del modelo histórico oficial, el pesimismo, la frustración y el agotamiento implosivo del canon social cubano, pues más lozanamente refundadoras, auténticas y sólidas se revelan como nuevas poéticas audiovisuales cubanas. Su discusión reformuladora con el *status quo* no solo articulan enfoques ontológicos, lejos del reporterismo puntual —y por ende efímero—, sino que cala hasta los mismos estratos del lenguaje, enfocándose desde perspectivas ensayísticas en la reflexión global sobre procesos y dialécticas completos.

CASA DE LA NOCHE

El uso de película de 16 mm para registrar y relaborar las imágenes originales y de archivo empleadas por Beltrán en *Casa de la noche*, habla de una mirada autoral extrañada, alienada, exhausta, que repasa una esfera de sentidos, códigos e íconos ya muy ajados de pura sobrexplotación, y sobrexposición inmisericorde; a punto de disolverse en una nada sin sonido ni furia, sobresaturada de indiferencia e inercia.

Este significativo y saludables *detour* en la obra de un realizador comúnmente apegado a convenciones tan "correctas" como acomodaticias, implica una ruptura formal y estructural no menos brusca por lo cerebral y equilibrado del relato; alegórico a la vez que cuestionador. Y Beltrán no es tan cuestionador del estado sociopolítico y antropológico de cosas en Cuba con ánimos ingentemente fustigadores o de reclamo enardecido, como sí interrogador de "su" propia e íntima percepción sobre los constructos simbólicos oficiales cubanos, erosionados bajo el peso de la redundancia (¿cíclica?), el hieratismo beligerante y sobre todo el desfase con una realidad cuyo torrente ha sajado nuevos (dis)cursos para fluir y moverse, no importa hacia dónde.

El realizador agrede desmesuradamente la textura del propio celuloide, y la nitidez de muchas de las imágenes. Sobreimprime planos y sobresatura escalas cromáticas, hasta lograr una deformación casi abstracta de las formas y movimientos, que terminan deviniendo fantasmagorías y pesadillas febriles de una nación-delirio, de una nación-Fata Morgana, de una nación-queloide, de una nación-disolvencia. Complementado todo por la voz del padre del autor, en un guiño tarkovskiano. Solo que aquí el espejo está astillado y sangra espeso azogue.

Dada la confluencia en el relato de dos recursos tan habituales como axiales del discurso artístico crítico cubano no libelista de las últimas décadas: el baile popular —como avatar de la alienación catártica— y la ruina arquitectónica preeminentemente habanera, *Casa de la noche* pudiera verse también cual súmmum último y reflexivo de una postura sociopolítica participativa de buena porción del Séptimo Arte nacional.

Pero también puede asumirse como una deconstrucción aguda del agotamiento de ese mismo discurso crítico, cuya recurrencia resiente ya un tautológico juego de representaciones (oficiales) y contrarrepresentaciones (alternativas y muchas veces semi-institucionales); casi siempre sobre unas mismas bases gramaticales. Generador al final de un bizarro diálogo de sorderas, vistas gordas, castigos, censuras, permisividades, tolerancias, intolerancias, marginalizaciones, réplicas, algunas retractaciones, migraciones, radicalizaciones, par de escándalos y tánganas. Circunstancia que ya se extiende varias décadas.

El *status quo* envejece junto a sus críticos, quienes se contentan las más de las veces con ripostar y deconstruir proposiciones y estructuras. A veces superestructuras. Así les han enseñado sus padres y antagonistas. Son las mismas armas en manos de un bando diferente.

Luego del autorreconocimiento de su autor, de su lugar en medio de tales redundantes dinámicas, y sobre todo del riesgo de convertirse en mero actor de una pantomima onanista bidireccional, *Casa de la noche* termina proponiendo retadoramente un distanciamiento, una renuncia, un exterminio de las viejas maneras y códigos. Una quebradura de la circularidad, un sabotaje definitivo al flujo infinito de la angustiosa cinta de Moebius en que se desliza el grueso de los sistemas y propuestas estético-discursivas, junto a Cuba toda.

Un verdadero vórtice de hormigueantes planos conclusivos, donde se presencia la caída tanto de falsos como de verdaderos ídolos —cual final mordisco de Saturno— cierran las puertas de esta amarga morada nocturnal, bajo cuyas vigas esta obra invita a devanarse la cabeza en pos de una reformulación a fondo del sistema de categorías expresivas, políticas, sociales y nacionales. Luego de todo, justo en ese después que siempre existirá tras el desastre, queda en las papilas perceptivas un acre sabor a honestidad nihilista y a melancolía post apocalíptica.

El proyecto

Con un importante recorrido internacional —incluido el Premio FIPRESCI del DOK Leipzig 2017—, *El proyecto* de Alejandro Alonso viene a ser una casi metafísica reformulación del propio concepto de "proyecto", entendido comúnmente como algo inacabado, bocetado, embrionario, insinuado. Todo lo contrario. Aquí el término refiere mucho más a una "proyección" en el tiempo, a un viaje constante desde el pasado, dejado atrás en el último segundo transcurrido, hacia un futuro que nunca será presente. A riesgo de negar el movimiento como constante definitiva y definitoria de la existencia, que la percepción humana enmascara bajo la autocomplacencia de lo presente: una noción tan exclusivamente emanada de nuestro arbitrario y controlado universo simbólico como son la línea o el horizonte. Pues la concientización plena de existir en una dimensión perennemente mutable solo puede llegar acompañada de la locura o el acceso instantáneo al Nirvana (algo que bien puede ser lo mismo).

El presente termina siendo poco más que una escaramuza perceptual para no reconocer lo ineluctable de nuestra condición nómada en un tiempo que no conoce lo estático. La inmutabilidad no es una certeza, ni un asidero o posibilidad, sino una aberración imposible en un universo donde el Movimiento es la única posibilidad, la ley primera y última. Es el verdadero *perpetuum mobile* que nos contiene y rige. Así, pasado y futuro vienen a resultar las únicas constantes auténticas. En tanto el primero engloba todos los acontecimientos irrevocable y "ciertamente" sucedidos, afianzados en un nicho histórico. Y el segundo es cierto en lo ignoto e impredecible de su eterna naturaleza promisoria. El futuro como estado larvario del pasado, en un sentido que relativiza cualquier direccionalidad evolucionista, o cualquiera otro arbitrio racionalista como el arriba y el abajo, el delante y el atrás. El destino de todo lo que será es haber sido. Es quedar atrás. Es convertirse en un suceso, en un fenómeno sucedido.

El futuro del después es convertirse en el antes. Así como se convierte en un pasado cada vez más nebuloso el "proyecto" de obra atesorado y soñado por el sujeto lírico que escoge Alonso para protagonizar y narrar la película. Proyecto incompleto por desconocidas circunstancias que truncaron su rodaje completo; incompleto por los eones que han transcurrido y por las trampas de la memoria.

En el momento diegético de la cinta, ya es un puzle en plena descomposición, como se aprecia sobre todo en las secuencias animadas inicial, intermedia y final, donde se desmigaja en una lenta explosión que recuerda levemente ciertas secuencias de Antonioni, la maqueta digital del edificio-personaje —auténtico co-protagonista—: una antigua y estereotipada ESBEC (Escuela Secundaria Básica en el Campo) o IPUEC (Instituto Preuniversitario en el Campo) cubanos, ya da lo mismo.

Es una escuela sin alumnos ni profesores. Fue encarnación arquitectónica de un proyecto de futuro, y por ende la materialización de una certeza futura. Cuando fue filmado por el protagonista, era también algo seguro como ente pasado, carente ya de sus propósitos como incubadora de un porvenir armonioso y utópico. Transmutada en pasado, es un exoesqueleto decadente donde sobreviven un centenar de náufragos, rodeados por naranjales igualmente mortecinos bajo el asedio del virus *Citrus tristeza*. Es un no-futuro. Está más cercano a la aberrante naturaleza inmutable del presente. Es un desecho imposible, un coágulo arrebujado al borde del Movimiento.

El montaje de la película plantea precisamente la contraposición entre las imágenes pasadas, rebosantes de entusiasmo futuro, y las imágenes del verdadero destino que le fue deparado a tanto frenesí utópico. La fotoanimación, marcada por soluciones tipográficas que homenajean la obra de Nicolás Guillén Landrián, fotografías de prensa optimista y planos de reluciente pragmatismo técnico, testimonian el hervor optimista donde tomó forma el edificio. Así como en la aun reciente cinta *La obra del siglo* (Carlos M. Quintela, 2015), que remonta semejantes senderos discursivos —y refiere otro proyecto utópico megálicamente frustrado, como la Central Electronuclear de Juraguá—, se emplean añosos videos reporteriles que registran épocas igualmente genésicas.

Asimismo, las imágenes que *El proyecto* y *La obra...*, registran en tiempos de triste conclusión y decadencia, hieden a contemplativa distopía, a inmóvil limbo donde los habitantes varados en la escuela esperan la nada. Acurrucados en su propia nada fantasmagórica, donde reiteran una y otra vez las mismas rutinas como espectros de sangre aún caliente.

Fantasmas son ya desde la perspectiva del narrador de Alonso, que por momentos recuerda al melancólico protagonista de *La Jetée* (Chris Marker, 1962). Está embozado en un futuro inidentificable, y hasta su voz es soslayada, pues se expresa mediante subtítulos mudos, más cercanos, por su función, a los añejos intertítulos de las cintas silentes. Se desdibuja su naturaleza cultural a favor de una identidad proteica. A la vez, se lubrica el diálogo con todos los públicos posibles, para cuyos idiomas siempre podrá adaptarse el idioma de los subtítulos, (re)construyendo a este protagonista a la imagen y semejanza que más gusten y que les haga sentir más seguros. O todo lo contrario: huirán despavoridos ante tan descomunal reto a la imaginación, ante tanta ausencia de cómoda certeza, ante tanta niebla.

En su esfera diegética, el protagonista parece retorcerse, agonizar ante la corrupción de la (su) memoria, marcada por la fragmentación y la dispersión de imágenes tomadas en tiempos remotos, cuya proyección incompleta desde el pasado al futuro puede implicar la perversión de esencias originales, o el reacomodamiento de sus signos en sentidos muy diferentes. Pero la simple criba de la mirada de quien filma ya pervierte lo filmado. Jerarquiza, oblitera, niega, subraya, altera, reduce, deforma.

Alonso aprovecha así, con *El proyecto*, para plantear uno de los grandes dilemas y angustias del creador audiovisual, que es la responsabilidad representacional con lo filmado. Con su inevitable instrumentación y manipulación. Mutilados siempre quedan los fragmentos de vidas filmados. La fatalidad de lo fuera de campo. Solo permanece la certeza íntima de la consecuencia, la honestidad y el talento del realizador, que con cada obra declara un *mea culpa* creativo y sincero en su dimensión cerebral.

El hormiguero

El —a frívola primera vista— sencillo argumento de *El hormiguero* de Alán González recoge un breve episodio de la cotidianidad de la joven "estudiante" (*status* casi deducido, apenas sugerido por el autor) que encarna discreta y sólidamente Grisell Monzón. Es asediada por la violencia omnipresente, o mejor, está inmersa, al borde de la misma asfixia, por un estado de violencia populista, marginal, practicada por seres que odian al prójimo como a sí mismos. Compartidas estas actitudes y prácticas incluso por su propia pareja sentimental (Carlos Peña), quien aparece ya adaptado al entorno mediante la asunción de la naturaleza agresiva de sus propios "enemigos", o sencillamente desde la liberación de impulsos violentos prexistentes.

En este mundo distópico de salvajes viles, la joven protagonista se presenta en una dualidad víctima-resistencia, que vadea cualquier excesiva victimización, para dialogar mejor con la descolocación camusiana (*El extranjero*), pasternaksiana (*Dr. Zhivago*) y desnoísta (*Memorias del Subdesarrollo*). Los respectivos irredentos —sí, verdaderos rebeldes con otras armas— Mersault, Yuri Andreyévich y Sergio circundan a la muchacha pensada por el también guionista Alán, martillean en su sorda reticencia a unir su voz a las mil obscenidades que desde su omnipresencia componen una verdadera banda sonora para *El hormiguero*.

Motivado posiblemente por el impacto visual de *El hijo de Saúl* (László Nemes, 2015), pero sin adentrarse excesivamente en el gran reto perceptivo que es este ejercicio fílmico —restructurador radical del espectador en la jerarquía narratológica—, el foco del cinematógrafo Javier Pérez se centra (casi todo el tiempo) en la protagonista.

El resto de los elementos involucrados en la trama adquieren categoría escenográfica, contextual, no solo las verbalizaciones del odio, la intolerancia y la riposta social. Su esposo, y la pareja antagónica (Maribel García Garzón y Reynier Morales) también se integran a ese fondo monocorde en su algarabía, plano en su monótona y desindividualizadora dictadura de un proletariado frustrado; obnubilado por la miseria donde sobrevive; sajado por el desprecio al otro donde reconoce como en un espejo su propia odiosa imagen; resentido por su fatalista igualdad en la miseria; mediocre.

Sobre este plano escenario de fondo, se recorta con suficiente volumen la triste heroína de esta historia. Su voz cauta, tímida, pero posiblemente resaltada a posta durante la posproducción de sonido, resuena con más fuerza que la cortina de sonidos y furias que desciende como lluvia ácida ("¡¡¡¡¿¿¿¿Dónde está Teresa????!!!!"). Distanciada está hasta el extrañamiento, buscando protección constante en la misantropía. Resistida a pensar(se) como miserablemente (sobre)vive. Transita entre el maremágnum sin zambullirse.

Y el punto de vista del director no creo deje dudas respecto a su preeminencia como modelo parcialmente escogido desde su mirada intimista, crítica, ácida. Por momentos sutilmente buñueliana..., del Buñuel de *Los olvidados* (1950) y *Viridiana* (1961). Distópica antes que pornomisérica. No confundir. Pues la joven se revuelca en las marismas nunca verdaderamente influidas por las luces de la utopía. Se bate entre salvajes nunca mejorados por estos mismos rayos benefactores, que más bien los pretendieron ocultar con sus resplandores, como se barre el churre "donde no ve la suegra".

La Monzón contrasta, desde su intenso comedimiento, con una García Garzón, muy orgánica en su exceso vocinglero, divisada por momentos como la némesis de la historia, cual especular Salomón Negro de la protagonista. No poco zumo también se le puede sacar a esta pieza desde los estudios de género, pues de notar resulta el inmediato posicionamiento en el conflicto desatado en el plano secuencia (sin cortes) inicial entre dos hombres, dos maridos, que bajo la ley de la jungla, deben ser secundados por sus esposas, por sus leonas cazadoras. El personaje de Maribel, si dubitaciones, rápidamente escoge su rival en la protagonista de Grisell, proyecta y comparte la pipa de la guerra.

Visto ya desde un gran angular sociopolítico, *El hormiguero* cataliza reflexiones más complejas, para terminar proponiendo audazmente un verdadero vuelco perceptivo a la versión proletaria —divergente pero tan moderna como sus creadores coloniales— del "Mito del buen salvaje", que el Socialismo y el Comunismo han asumido para enaltecer la nobleza intrínseca de los seres humanos pobres, sojuzgados por los "intrínsecamente viles" aristócratas y burgueses. Deviene sin tardanza el propio apotegma marxista de que "el hombre piensa como vive" un verdadero cuchillo de doble hoja que desde sus postulados dialécticos discute cuando menos con esta concepción binaria. Como sea, siempre asoma Bukowski su oreja peluda para recordarnos con sus versos: "cuidado con el hombre mediocre".

La perspectiva filoproletaria tiende a confundir pues los derechos ciudadanos con la también adaptada doctrina del "Destino manifiesto", o sea: los estratos más humildes de la ciudadanía serían los merecedores últimos del poder preeminente sobre la Tierra, envestidos del final y utópico ejercicio de la "Dictadura del proletariado". Corolario este del credo comunista clásico, fin de la historia, y no más que otra adaptación de un postulado previo: esta vez la Jerusalén Celestial bíblica, donde el Reino de los Cielos descenderá sobre la Humanidad. No olvidar el peso cultural judeocristiano en los ideólogos y teóricos del materialismo científico y el comunismo. En vez de negar tajantemente el misticismo heredado, terminaron reformulándolo en su sistema de utopías humanistas y economicistas.

Urdido con la argamasa lúcida de la distopía, *El hormiguero* es el breve grano de maíz donde cabe toda la violencia del mundo, donde se ataruga toda la mediocridad del mundo. Es la verdad que no queremos que el espejo nos muestre, libre también de la estetización harapienta que resulta la pornomiseria al uso.

Los podridos maderámenes del solar donde transcurren parte de las acciones alcanzan las dimensiones de un útero podrido, un territorio libre de "hombres nuevos", solo capaz de engendrar apocalípticos *morlocks* cegados por la violencia, listos para depredar a cualquier *eloi* consciente que aún deambule por derredor. Ya no hay que viajar al 802.701 D.C. en la máquina temporal de H.G. Wells para presenciar tal espectáculo, solo andar los minutos de nuestro angosto presente inmediato junto a la protagonista de *El hormiguero*.

ÍNDICE

LISTADO DE TÍTULOS Y PRECIOS DE EDITORIAL PRIMIGENIOS

1. *¡Cosa más grande la vida!* Humor. José Luis Riverón Rodríguez. $7.99
2. *¿Cuba... qué linda es Cuba?* Narrativa. Hebert Poll Gutiérrez.$7.99
3. *"Uno por aquí"* y yo, en la pandilla del barrio. Novela. Noelio Ramos Rodríguez. $7.99

4. *1932, Dios, revolución y libertad.* Poesía. Carlos Salina Granda (Perú). $5.99
5. *1968 y el cine, Memorias del 3er Encuentro de la crítica cinematográfica.* Compilación de Pedro R. Noa. $9.99
6. *A quién pregunto por mí.* Poesía. Andrea García Molina. $12.99
7. *A veces, cuando el silencio.* Poesía. José Antonio Martínez Coronel. $9.99

8. *Abrazo a un búcaro sin flores.* Poesía. David Montero Figueredo. $6.99
9. *Actos en la tierra.* Poesía. Eduardo René Casanova Ealo. $5.99
10. *Adiós Rembrandt y otros relatos.* Colección de cuentos. Manuel Antonio Morales Felipe. $7.99

11. *Adoptando a Mini.* Novela ilustrada. Marié Rojas Tamayo. $7.99
12. *Agradecido entonces como un perro.* Poesía. Guillermo Hernández Montero. $5.99
13. *Al diablo el que me lo pida.* Narrativa. Nuris Quintero Cuellar. $5.80
14. *Al otro lado del mundo.* Poesía. Eduardo René Casanova Ealo.$5.99

15. *Al sur de los páramos.* Poesía. Miladis Hernández Acosta.

$5.99

35. *Canto a mi cabeza loca (Dinámica del cuerpo)*. Poesía. Claudette Betancourt Cruz. $5.99

36. *Cartas a Leandro*. Narrativa. Ramón Díaz-Marzo. $9.99

37. *Casco de Dios*. Poesía ilustrada. Marié Rojas Tamayo. $9.99

    Catálogo de títulos publicados por la Editorial Primigenios entre 2019 y 2020

38. *Como arrullo de tórtolas*. Poesía cristiana. José Luis Riverón Rodríguez.$7.99

39. *Como en un sueño, la vida*. Poesía. José Antonio Martínez Coronel. $5.99

40. *Como salir de un país*. Poesía. Ricardo López. $5.99

41. *Como una mancha de peces*. Narrativa infantil. Miguel Ángel González Pérez. $5.99

42. *Con ojos de piedra y agua*. Poesía. Ana Margarita Valdés Castillo. $5.99

43. *Con un par de alas tremendas: Sonetos de vuelo popular*. Poesía. Juan Carlos García Guridi. $5.50

44. *Concierto para Denysse*. Poesía. Luis Mariano (Lewis) Estrada Segura. $5.99

45. *Confesiones de mujer*. Poesía. Yasmín Sierra Montes. $5.99

46. *Conspiración en La Habana*. Novel. Eduardo N. Cordoví Hernández. $19.99

47. *Cosas de un niño grande*. Infantil. Hebert Poll Gutiérrez. $5.99

48. *Cosas que vienen del cielo*. Narrativa. Yolanda Felicita Rodríguez Toledo. $10.00

49. *Criaturas*. Cuentos. Alex Schweg. $7.99

50. *Crónica de una matanza impune, Persecución y asesinato de emigrantes canarios en Cuba*. Ensayo. José Antonio Quintana García. $7.99

51. *Cuando aparecen los elefantes*. Libro infantil ilustrado. Norge Sánchez. $9.99

69. *Donde el espejo no llega.* Poesía. José Antonio Martínez Coronel. $5.80

70. *Donde termina la mirada.* Poesía. Norge Sánchez. $12.03

71. *Dos libros de Guerra (escrito a cuatro manos).* Poesía. Félix Guerra Pulido y Félix Alexis Guerra Menéndez. $9.99

72. *Duendes del domingo.* Libro infantil ilustrado. Daimy Díaz Laborda. $10.99

73. *Dulce café.* Poesía. Rafael Vilches Proenza. $5.99

74. *E. A. Vol. 1 Breve antología del taller de literatura fantástica y de ciencia ficción "Espacio Abierto".* Daniel Burguet... y Abel Guelmes Roblejo. $9.99

75. *Ejercitar el criterio.* Crítica de narrativa. Waldo González López. $12.99

76. *El agua rota de los sueños.* Poesía. Alejandro Rejón Huchin. $5.99

77. *El ángel en la sombra.* Poesía. Raudel Sosa Pérez. $5.99

78. *El árbol de mi alma.* Poesía. Vivián Suárez García. $5.99

79. *El barón Samedi o el cagüeiro negro.* Narrativa. Eduardo Báez. $15.99

80. *El cacique Turquino.* Cuentos ilustrado. Norge Sánchez. $9.99

81. *El camino.* Literatura cristiana. Jesús Cardoso López. $7.99

82. *El carcaj pleno de colores.* Ensayo sobre la obra del pintor Domingo Ramos Enríquez. Ana Julia Gutiérrez Ulloa. $5.99

83. *El cocinero, el sommelier, el ladrón y su (s) amante (s).* Ensayo. Frank Padrón. $45.99

84. *El desventurado domingo de Dominga.* Libro ilustrado para niños. Noel Silva González. $12.99

85. *El dolor de ser vivo.* Poesía. Ronel González Sánchez. $7.99

Caricaturas. Ernesto Rodríguez Castro (Beli). $10.99

Alonso. $6.99

162. *La oscura escalera*. Novela. Ramón Díaz-Marzo. $6.99

163. *La patria es una naranja*. Poesía. Félix Luis Viera.$8.99

164. *La peña de Horeb*. Poesía. José Antonio Martínez Coronel. $6.99

165. *La sangre del marabú*. Narrativa. Argenis Osorio Sánchez. $7.99

166. *La sombra de Sísifo*. Poesía. José Antonio Martínez Coronel. $5.99

167. *La sombra que pasa*. Poesía. Miladis Hernández Acosta. $7.99

168. *La veda del dinosaurio*. Narrativa. Edgar Estaco Jardón. $5.99

169. *La venganza del contrario*. Narrativa. Odalys Leyva Rosabal. $7.99

170. *La vida húmeda*. Cuentos. Carlos Alberto Casanova. $7.99

171. *La virgen sumergida o cómo mataron a Charo*. Narrativa. José Luis Riverón Rodríguez. Edición a todo color. $30.00

172. *La virgen sumergida o cómo mataron a Charo*. Narrativa. José Luis Riverón Rodríguez. Edición estándar. $9.99

173. *Las arenas del tiempo*. Poesía. José Antonio Martínez Coronel. $5.80

174. *Las dunas de la espera*. Poesía. José Antonio Martínez Coronel. $5.58

175. *Las hadas calzan botas*. Poesía infantil ilustrada. Clara Lecuona Varela.$12.99

176. *Las Hijas de Sade*. Narrativa. Guillermo Vidal y Maria Liliana Celorrio. $9.99

177. *Las náufragas porfías*. Ensayo sobre la obra de Dulce María Loynaz de Miladis Hernández Acosta. $7.99

178. *Las rosas que mañana (un museo para Dulce María)*. Poesía. Mariana Enriqueta Pérez Pérez. $7.99

179. *Las sendas escabrosas*. Poesía. Yasmín Sierra Montes. $5.50

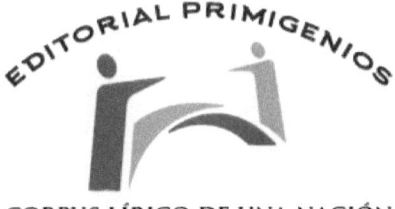

CORPUS LÍRICO DE UNA NACIÓN

www.ingramcontent.com/pod-product-compliance
Lightning Source LLC
Chambersburg PA
CBHW021435210526
45463CB00002B/525